親が75歳になったら読む本

林千世子

本の泉社

親が75歳になったら読む本

子どもは、親の介護を引き受けなければならないのか

林　千世子

はじめに――親への愛情はある。自分の人生も大事。親まで背負う自信がない。でも、でも……。そんな思いをどう形にしたらいいのか。

誰でも、親がある程度の年齢にさしかかってくると、親が気がかりになってきます。地方に親だけが暮らし、子どもは都市部に出て仕事をしている。そんな場合は、とりわけ、親の老いが気になります。

実際に、仕事仲間と話していても、「うちの親もだいぶ、年をとってきちゃって。心配なんですよね」という話題が出ることは少なくありません。

私が、数年にわたり、親の介護を抱えながら仕事をしてきたことを知る知人のなかには、「介護が必要になったらどうしよう」と不安な表情を見せたり、あれこれ、相談をもちかけてくる人もいます。

私もそろそろ、高齢者の仲間入りをする年齢。そんな私たち（介護される側）世代の口ぐせは、「子どもの負担にはなりたくない」「第一、いまどきの子どもなんかアテになんかできないわよ」……。そう、死ぬまで、自分たちで生きていこうと考えています。

でも、表面的にはお気楽に見える子ども側も、しだいに年をとっていく親のことを十分に気にかけているのはたしかです。

「親には、いつまでも元気で、幸せな老後を送ってほしい」

子どもは、心底、そう願っていると確信しています。一方でその思いの底に、「できれば、介護はパスしたい……」という思いが見え隠れすることも事実です。でも、これは、誰にとっても本音に近いものでしょう。

親が相応に年を重ねるにつれ、親の老後をどうするかという問題が表面化してきます。高齢にさしかかろうといった年齢の親をもつ、いまの子ども世代は、介護が大きな社会問題として取り上げられてきた時代を見聞きしながら生きてきています。核家族化したなかで、年老いた親が要介護状態になるとどんな混乱と苦労が待っているか。親世代が介護をになう姿を間近に見てきているだけに、親になにかがあったらという問題意識をもたずにはいられないのです。

「親の幸福な老後」を願う一方で、できれば「介護はパス」と願うのは二律背反のようですが、高齢の親をもつ人なら、誰でも身に覚えのある思いでしょう。

結論からいいましょう。

たいていの人は、確率でいえば4人に3人は、その願いはきっとかないます。

でも、4人に1人は、「できれば介護はパス」のほうの願いはむずかしいかもしれません。高齢者の4人に1人は、ある段階からは「要介護状態」になって、周囲のサポートの手を必要とするようになってくるのが現実だからです。

寝たきりなど、重度の要介護状態になる確率はさらに下がります。

それでもそうなった場合には、まず手を貸さなければならないのは子どもです。多くの場合、無関心、関係ないでは通らない。介護保険ができたいまも、それが厳しい現実です。介護は想像以上に大変で、しかも、最近は介護期間はますます長期化しています。

では、どうすれば、親が重度の要介護状態にならないか。それには、決定的な解決策はないというほかありません。

最近は、介護予防、ボケ（認知症）予防という考え方がクローズアップされてきています。でも、介護予防努力をしていれば、絶対に要介護状態にはならないという保証はないのです。

親が要介護になるかならないかは「ロシアンルーレット」だ、といってもよいくらいだ、と私は思っています。

だからといって、「そうなったとき、なんとか考えますよ」では、あまりに場当たり的にすぎます。

もちろん、親が要介護状態になったとしても、活路はある。それが、私の実感です。

その活路を探るための手がかりとなるのが、親が元気なうちから、親子、きょうだいのコミュニケーションをよくし、介護が必要になったときの〝わが家の考え方〟をおよそまとめておく。あるいは子ども世代が得意とする情報の収集や、フットワークを活かすことでしょう。ふだんから、アンテナを張っていることが、いざというときに、大きな力になってくるものです。

そんなことわかりきっている、といわれそうですが、わが家の場合も、周辺の友人・知人のケースをみても、「いざ」となるまで、きちんとした話し合いなどをもたないままに過ごしてしまうことが多いのです。その結果、介護が必要になると、子どものなかでも人のよい人や、十分、自分の意見を表明できない人が介護を〝背負い込む〟ことになってしまいます。

情報収集にしてもそう。なんでも、実際に必要に迫られるまでは情報がそこにあっても、気づかないことが多いもの。介護の場合も例外ではないのです。

＊

自己紹介が遅くなってしまいました。私は、高齢者問題の取材に20年以上も関わってきた人間です。その一方、プライベートでは、母の介護を6年あまりつづけました。

母は2000年、ちょうど介護保険が導入されたころ要介護状態に入りました。介護保険導入時の判定は「要介護2」でした。介護保険導入時から、利用できるスキームはほぼすべて利用してきました。

父は、それよりだいぶ前に82歳で亡くなりました。死の直前までかなり元気に、自分のやりたいことを自分で探しあてては突き進む、前向きな老後を生きた人でした。

父が亡くなったとき、74歳だった母は、その後85歳まで、ひとり暮らしをつづけました。しかし、80代に入ったころから、軽い脳梗塞などの病気を繰り返し、その結果、「要介護状態」に入ってしまったのです。

母の場合は、最初の認定「要介護2」から2年ほどで「要介護5」まで、急速に衰えが加速しました。病気や入院のたびに心身が急速に衰えていったのです。高齢者にはよくあることですが、いったん、階段を降りてしまうと再浮上はほとんど不可能。最晩年は、いわゆるカンネタ（完全寝たきり）で、認知症も進み、生活のすべてに人の手を借りる生活を6年近くつづけました。

こうして、期せずして、仕事でもプライベートでも、親の老後と介護という問題に、もろ直面してきたこの数年。介護施設の現場を取材したり、家族として関わる経験を重ねるうちに、介護保険の仕組みにもそれなりにくわしくなっていきました。

そして、自分自身も、子ども世代から、「もう年なんだから」と気づかいを含めた目線で見られる年代。母と自分、なんとなくダブルで老後問題や介護問題を見つめてきた感じもあります。

こうした数年の体験から、私は、親の老後に関しては、ある定見をもつようになっています。

① 高齢の親はけっして、やっかい、面倒な存在ではない。

原則として、いくつになっても、おたがい人間同志として対等の関係として向き合い、できれば、楽しい共通体験を過ごす相手として付き合う。

② でも、もしもの要介護状態に備えて、必要な情報を得る努力をしたり、そうなった場合はどうする、という話し合いの機会をもつ。

③ 親が要介護状態になってしまったとしたら、現在の日本の社会では、子どもは「パス」することはむずかしい。なんらかの形で関わらなければならないケースがほとんどだといってもよい。

実際にどう関わるかは、現実にそれが必要になったときに、しっかり考えるほかはない。しかし、心がまえを含めて、それに対する準備は必要だ。

この結論は、私の体験から生み出されたもの。というより、苦い反省からです。

仕事を通じて、高齢者問題に関わりながら、私はノーテンキにも、介護問題が自分の人生に襲いかかってくると、考えたことはなかったのです。

では、①の、親の幸せな老後に付き合ってきたかといえば、これも、首を振るほかはありません。もちろん、かなり忙しい毎日だったということを差し引いても、自分なりの生活に没頭、というより、振り回されていただけで、親を省みるゆとりはなかったのです。いまとなっては、取り返しがつかない後悔をかみしめています。

そして、①は②と大きく関わってくるということも実感しています。①を十分行なっていれば、②の大部分は必然的に満たされるはずだからです。

親が気がかりな年齢になったら、親の気持ちを知ったり、あるいは経済状態など、親の状態を把握しておくことが大事です。介護が必要になったとき、それは大きな意味をもってきます。

＊

この本を手にされた方は、親はまだまだ元気だ、という方が大半でしょう。

でも、いまは元気いっぱいの親が、ある日、突然倒れ、介護が必要になったり、そうでないまでも、ふと気がつくと、危ういところが見え隠れするようになっている。これが高齢期の特長です。

この本では、そんな日に備えて知っておきたいこと、しておきたいこと、具体的には、「いまどきの介護事情や意識の変化」「いまから知っておきたい介護保険について」「避けては通れないお金の問題」「親をめぐるさまざまな問題に向かう姿勢」といったことをできるだけ具体的にご紹介することに努めました。

実は、この原稿を書きすすめている最中に、母は亡くなりました。91歳。まさに天寿をまっとうした、静かでおだやかな最期でした。

どんなに尽くしたとしても、親の死後は「ああもすれば。こうもしたかった……」と後悔の念に襲われると聞いていました。

私の場合も同じでした。

しかし、本音をいえば、介護が必要になってからは、私どもにとってできるかぎりのことはしてきたと思っています。

それでもいま、しみじみと悔やまれるのは、親が元気な間に、もっと一緒の時間をつくり、老いにひとりで立ち向かおうとしていた親のさびしさ、心もとなさに寄り添う

〝やさしさ〟をもつべきだったということです。

この間に親の本心・本音を知ることもできたでしょうし、そうであれば、もっと母の思いを汲《く》んだ介護ができたのでは……という思いも残ります。

私の、尊敬するある高齢者問題の研究家は、私が、親の介護に向き合うようになったとき、こんな言葉をかけてくれました。

「親の老後の問題は、間違いなく、いつか、あなたの人生の問題そのものになるんだからね。いい勉強をさせてもらっているのだと思えばいいのよ」

まさにそのとおり。6年あまりの母の介護を終え、私は私なりに、これから、どのように年齢を重ねていくべきかを真剣に考えるようになっています。その意味では、「できればパス」であったはずの介護から、大きなものは得られるのだと教えられています。

「老いゆく親に、子どもとしてなにができるか」。

この本から、その問いに対する答えのヒントを1つでも2つでも、つかんでいただければうれしく思います。

2007年7月

林　千世子

◎目　次

親の事情、子どもの事情

どうしても親の介護を避けて通れないならば

第2章　親の介護で共倒れしないための介護保険知識

介護保険の概略だけでも予習しておく

【介護保険サービス①】——自宅で介護する

第3章　親の老後、意外と多いお金のトラブル

老後はお金がかからない？

親のお金を管理についてもう1度考えてみる

二世代住宅はもう古い？　親の老後の考え方も変わりつつある

自己管理はむずかしい。子どもが親の健康を気づかう

認知症の兆しに早く気づけば、進行を遅らせることができる

第1章　親が倒れた、ボケた……。親の介護とどう向き合えばいいのか

親自身、子どもに介護を望んではない時代だが……

ある日、突然、突きつけられる親の介護

「ついにいく道とはかねし聞きしかど　昨日今日とは思わざりしを」。在原業平の辞世と伝えられるこの歌は、現代では、親の介護の日を指すもののように響きます。

親が要介護状態になると、その先はかなり大変です。介護地獄という言葉もあるように、それまでの平穏な日々は大きく揺らいでしまいます。

でも、安心してください。親が年をとっても、誰も彼もが介護を必要とする状態になるわけではありません。実際、亡くなる直前まで元気で達者な親をもつ人も少なくないのです。

実は私自身もそうでしたが、長年、介護問題を取材して歩いていながら、「自分の人生は、介護問題とは無関係なまま過ぎていくもの」と、どこかで安閑と考えていたものです。

そんな風にノーテンキにかまえていた私たちでも、親の介護がふりかかってくれば、逃げ出すことはできません。

親が年をとること＝ボケ、寝たきりになると決めつける必要はありません。でも、その可能性は誰にもあることは覚悟する。というより、心のどこかでしっかりと認識しておくべきだとは思います。

もちろん、できれば要介護状態にならないように、できるだけの目配り、心配りはしたいもの。

それでも、親はある確率で要介護状態になるのです。そして、自分の親がその１人に当たってしまったら、〝待ったなし〟で、親の介護問題と直面しなければなりません。

ほとんど「前もって話し合い」をしていない

「そのときは、どうする？」

きょうだいで、親の介護問題について、話し合ったことがあるでしょうか。

親が要介護になると、子どもの暮らしはかなり大きな影響を受けます。とくにそれまで親と別々に暮らしていた場合は、誰かが同居するのか。通い介護をするのか、親を子どもの住まいに呼び寄せるのか。いずれにしても、簡単な問題ではありません。

そして、現実問題として、介護生活を始めると、なにかと出費がかさみます。

親がどのくらいの蓄えをもっているのか。親の蓄えが不十分な場合は、誰が、どう負担するのか。こうした経済問題についても、きょうだいで日ごろから、話し合っておかなくてはなりません。

そんな当たり前のことをあらためていわれなくても……、と思う人も少なくないかもしれません。

ところが実際は、ほとんどの場合、こうした話し合いができていないのです。

いまどき、長男がすべて引き受けるのが当たり前だ、という考えは通らないでしょう。

わが家もまさにそうでした。４人のきょうだい仲は、まあまあだと思います。それぞれが結婚し、親元から離れた後も、お正月をはじめ、年に何回かはよく全員で集まったもの。そんなときは、わいわい楽しく食べたり飲んだり。母はその様子を楽しそうに見ていました。でも、うちの場合はそれだけで過ごしてしまい、「母がどうにかなったら」という話が口にのぼることはあっても、「そのとき、考えれば……」と先送りするばかりだったのです。まわりに聞いてみても、わが家と同じような家は少なくありません。

そんな方も、この本を手にとったのを機会に、ぜひ、親子・きょうだいで、「介護が必要になったときはどうするのか」、しっかり話し合っておくことをおすすめします。

評論家・俵萠子さんの著書に『子どもの世話にならずに死ぬ方法』（中央公論新社）があります。こう思っている親も少なくないでしょう。俵さんより世代が上の私の母でさえ、「ひとりで大丈夫。子どもの世話にはなりたくない」が口ぐせでした。

しかし、さらに年齢が進み、病気になり、それが思うようには回復せず、やがて認知症も現れると、母がどうがんばろうと、誰かが手をさしのべなければ暮らしていかれなくなってしまったのです。

子ども側も、親の介護が現実に差し迫ってくるまでは、「なにかあったら、うちで面倒みるよ」などと気軽にいいがちです。うちの場合もそう。

２人の弟はそれぞれ、「うちでみるよ」といっていました。「アイツ（奥さん）にも結婚のときから、そういってあるから」とまでいっていたのですが、実際に介護生活になるとそんなに甘い話ではなく、実の娘である私１人にほとんどの負担がかかってきました。といっても、弟たちやその妻たちは、「いまどき」にしては、十分、母のために努力してくれたと思っています。

姉は、母の介護以前に自身が脳血管疾患をわずらい、重度の後遺症は残らなかったものの、介護を引き受けられる状態ではありませんでした。

こんな風に、なにもかも、それまでの話どおりにはいかなかったわが家。ときの経過とともに事情はさまざまに変わりやすいもの、ということを差し引いても、親子で、あるいはきょうだいで、この話題になると軽く受け流し、真剣に話し合う姿勢をもたなかったことが最大の原因だったと思っています。

例えばわが家でも、1つ決めていたことがありました。「親に関するかぎり、それぞれの事情をもち出さず、なんでも平等に負担する」ということでした。それぞれの家の事情をもちだすと、かえって面倒になるからです。

当時は十分だと思っていましたが、いまになってみれば、それで親の問題をうまく切り抜けられると考えていたとは、大甘でした。

やがて、介護ばかりは4人で均等に負担するわけにはいかないことを痛感させられました。親を4つに切って分けるわけにはいかないし、かといって、一定期間ずつ親を引き取ることも現実的ではありません。

介護保険を利用するなら、介護保険は市区町村単位で施行されているため、親の住所がくるくる変わるとサポート体制も組めません。

親の家に4人それぞれの家庭から誰かが介護に通うといっても、泊まり込みが必要になります。夜中も世話をする必要があるからです。

実際は、わが家ではしばらく交代で泊まり込み介護体制を組んでいました。母の入院で中断、結果的には1年あまりの期間でした。でも、もし入院することがなく、交代で泊まり込みの介護をつづけていたら、介護体制か家族関係か、いずれかが崩壊していたでしょう。

わが家の例からもわかるように、「子どもの世話にはならないわ」「そのときになったら、なんとかすればいいよ」といった軽いノリの話し合いは、〝気休め〟にすぎません。親がある程度の年齢になったら、子ども側は、真剣な、そして本音をぶつける話し合いをもたなければなりません。私は、自らの経験からも、「親が元気な間の話し合い」は、親の老後問題を考えるうえで、もっとも重要なことだと考えています。

できれば、親も話し合いに加わり、親の本音も聞いておくとさらによいと思います。

親がひとり暮らしを選択したら

欧米にくらべて2世代、３世代同居が多かった日本でも最近は高齢者だけで住むケースが増えてきており、高齢夫婦、ひとり暮らしはすでに全世帯の半数を超えています。

両親のどちらかが亡くなり、親がひとりになったというときは、家族が話し合いをもつタイミングの1つでしょう。

子どもが数人もいるのが珍しくなかった現在の高齢者たちでさえ、4〜5人に1人はひとり暮らしをしているのです。子どもは2人が普通というその後の世代、少子化が進んだ世代が高齢化する今後は、子どもと同居するケースはさらに減っていくでしょう。

親も子どももそれぞれ、自分の人生を大事にしていこうという姿勢はすばらしいと思いますし、ある意味では当たり前というべきあり方だとも思います。

しかし、親がひとりで暮らしている場合は、要介護状態になったとたん、子どもの生活はかなり〝振り回される〟可能性があることだけは覚悟しておかなければなりません。

介護保険を利用して、介護は社会に任せるという選択もできる時代だといわれます。でも、それができるのは要介護度が低い場合だけです。

要介護が高くなったり、認知症があり、問題行動がみられるようになれば、誰かが同居して介護するか、施設介護を選ぶとしても、受け入れ先を探すことから、さまざまな手続きまで、現実問題として、子どもは知らん顔を通すことはできません。

行政もまた、介護体制のキーマンは誰？　というような形で子どもにアプローチしてきます。

一人暮らしの高齢者の動向

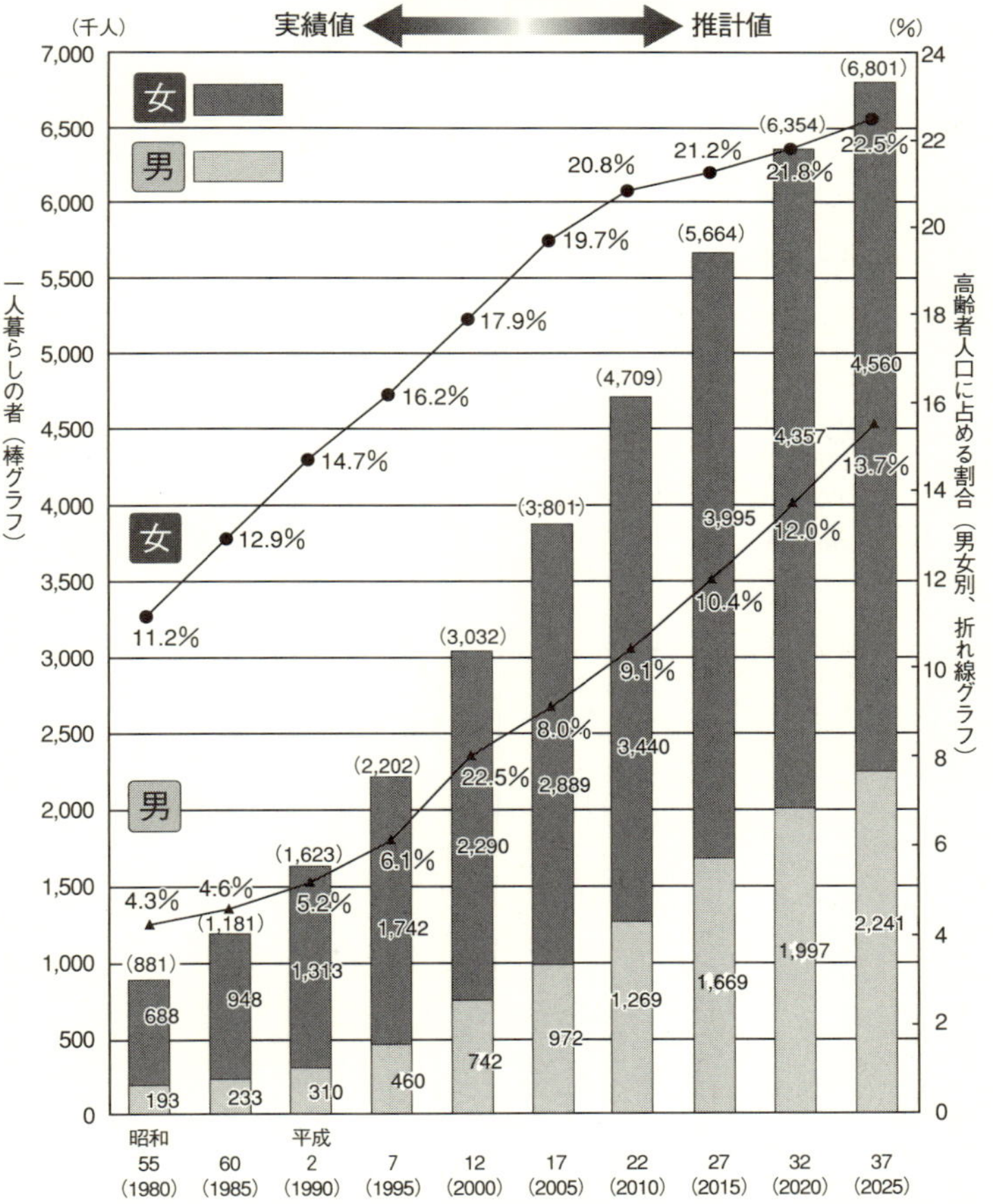

資料：平成12年までは総務省「国勢調査」、平成17年以降は国立社会保障・人口問題研究所「日本の世帯数の将来推計（2003年10月推計）」、「日本の将来推計人口（2002年１月推計）」

（注１）「一人暮らし」とは、上記の調査・推計における「単独世帯」のことを指す。

（注２）棒グラフ上の（　）内は65歳以上の一人暮らし高齢者の男女計

すべての親が、要介護になるわけではない

もっとも、親が高齢になったからといって誰もが要介護状態になるわけではありません。

05年は、冬のインフルエンザの流行でほんの少し、平均寿命が下がったと発表されましたが、依然として、日本人の平均寿命は世界最高水準。大ざっぱにいって、男性は80歳のちょっと前、女性は80代の半ばまで、と長い人生を送ります。

男女とも半数以上がガン、心疾患、脳血管疾患のいずれかで亡くなっています。

日本は今後、急速度で高齢化率が上昇していくことはよく知られており、２０１５年には国民の４人に１人が、２０５０年には３人に１人が65歳以上の高齢者、という超高齢社会になっていきます。

医療、介護の質が高い日本では、高齢者のうち、75歳以上の後期高齢者が加速度的に増えていくこともきわだった特長です。04年は高齢者人口のうち、後期高齢者は約44％。これが２０２０年になると、後期高齢者は約51％と半数を超え、２０５０年には60％を超えるといわれます。

ちなみに、前期高齢者、後期高齢者とは、65歳以上をひとくくりに「高齢者（老人）」

として扱うと、さまざまなギャップがあるという指摘から、ジェントロジー（老年学）では、一般に高齢期を前期高齢者（65～75歳未満）、後期高齢者（75歳以上）の２つに区分しています。

05年の統計結果では、日本の人口は１億２７７６万人。うち、65歳以上の高齢者は２５６０万人で、総人口の20・４％。この数字は過去最高です。さらに80歳以上は６３２万６０００人。今後も高齢者のなかで後期高齢者が占める割合はいっそう大きなものになっていくでしょう。

作家の田辺聖子さんのお母さまは１００歳でご逝去。亡くなる少し前まで、田辺さんのマネージャー役を果たしておられたとか。黒柳徹子さんのお母さまもあと少しで１００歳を迎えるところまで長生きされました。最近は、１００歳という年齢を耳にしても、あまり驚かなくなってしまいました。実際、１００歳以上の高齢者数は05年で２万５５５４人。10年間で実に４倍以上にふくらんでいます。

このように、想像をはるかに超える超高齢大国・日本ですが、喜ばしいことに、そのほとんどは元気で、生活レベルでも自立しています。

90歳をいくつも超えた現在もなお、現役の医師として活躍されている聖路加病院の日野原重明先生の元気なご活躍ぶりはあまりにも有名です。05年、文化勲章に輝いた女優の森光子さんは、86歳の現在もなお、舞台ででんぐり返しを披露する元気さです。超高齢者といっても、こんなに元気に充実した人生を生きる方も少なくないのです。

要介護になるのは、4〜5人に1人

元気な高齢者の増加は周囲にとくに負担は与えません。介護が大きな社会問題になっているのは、社会の高齢化がさらに進み、その結果、必然的に要介護高齢者が増加していくからです。

介護保険の導入後は、要介護の高齢者は社会がケアするという考え方が一般的になり、今後の日本が直面するシリアスな問題として、社会的関心が高まり、マスコミも大きく取り扱うようになっています。

実際に親を介護することは、なかなかシビアな体験です。介護期間だって大事な自分の人生の一部ですから、介護と仕事や自分らしい生活を両立させたいと、いろんな工夫や考え方を身につけます。

貴重な介護体験を伝えたいという思いからでしょうか。有名人なら、「あんな（有名な）人でも介護では苦労したのね」という関心を呼びやすいことから、いわゆる〝介護体験

要介護（要支援）認定者数

要支援	要介護1	要介護2	要介護3	要介護4	要介護5	認定者数合計
717,343	1,422,657	644,665	552,288	520,932	464,883	4,322,708

06年3月末時点（要支援1・2の区分が導入されたのは06年4月から）

記〟の出版も盛ん。テレビドラマや映画化されることもあり、介護に対する関心はますます高まる一方です。

そうした傾向を差し引いても、親が年をとれば頭も体も衰え、最期は寝たきりになって、家族は大きな負担を背負い込む……という不安含みのイメージが蔓延《まんえん》しすぎているように思います。

2000年に導入された介護保険では、「公平に見て、誰かの手助けや見守りが必要な高齢者」を要支援（1・2……導入当時は1段階）や要介護（1～5）と段階つきで認定しています。

介護保険の被保険者（加入者数・40歳以上の国民すべて）は05年1月末現在で2556万人。うち、認定者数（要支援、要介護者）は約17％。およそ6人に1人の割合です。上の表は認定者の内訳です。

当然ですが、65歳から10数年はまだまだ元気でしっかりした人が、その後は徐々に、心身の衰えが目につくようになっていき、75歳以上の後期高齢者になると、ほぼ5人に1人ぐらいの割合で要介護状態になる。さらに年齢が進み、80代の半ば以降になると、ほぼ4人に1人が要介護状態になっている。これが実状です。

親の事情 子どもの事情

子どもは、親の介護を引き受けなければならないのか

親が要介護状態になった場合、誰が介護を引き受けるのか。

Tさんのお母さんは四国でひとり暮らし。現に「要介護2」と要介護状態にあり、大いに気になるものの、かんたんに東京暮らしをやめるわけにはいきません。きょうだいはいません。

いまのところ、近所の人の世話や、介護保険のサポートを受け、親はひとり暮らしをつづけています。1〜2ヵ月に一度、2〜3泊で実家に帰り、必要な買い物やケアマネージャーとの打ち合わせなどをしてきます。あとは、電話などの〝遠隔操作〟です。

要介護度が軽い場合は、こうして、なんとか親がひとり暮らしをつづけることも可能でしょう。

実際に、要介護者のいる家庭の世帯構成をみると、単独世帯（ひとり暮らし）が20・

2%、「核家族世帯」が30・4%。このうち、約3分の2は「夫婦のみ世帯」です。

3世代世帯、つまり、親と子ども夫婦+孫と同居しているケースが29・4%、その他の世帯（高齢者と子ども夫婦が同居しているケースなど）が20・0%となっています。

つまり、要介護状態になっても、ほぼ半数はひとり暮らしか、高齢の夫婦だけで暮らしているのです。でも、こうした形の暮らしが成り立つのは、要介護度が低い場合（あるいは低い期間）だけです。

単独世帯の要介護者は、「要支援」

要介護者等のいる世帯における要介護度別の構成割合

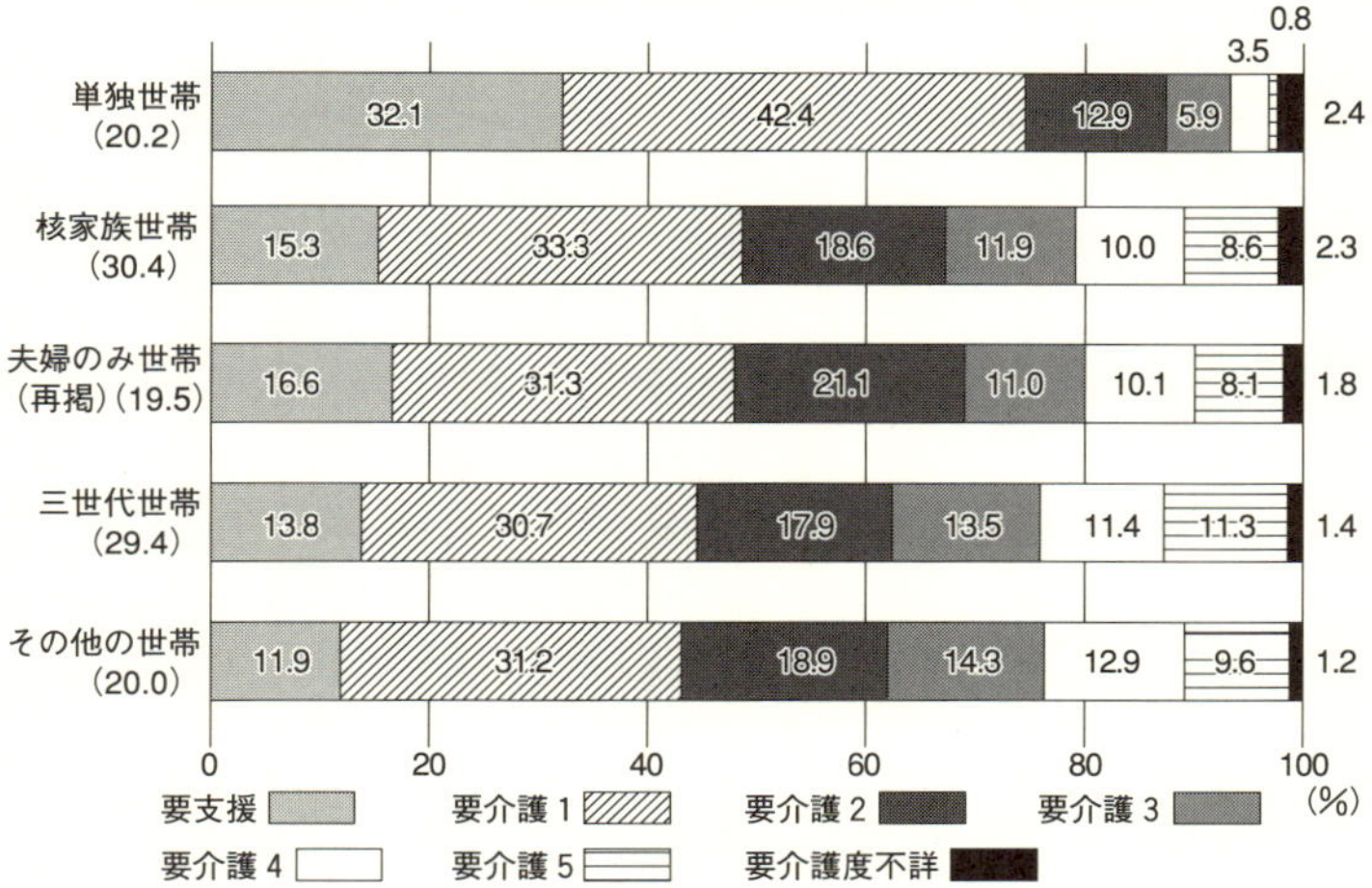

資料：厚生労働省「国民生活基礎調査」（2004年）
（注1）世帯に複数の要介護者等がいる場合は、要介護の程度が高い者のいる世帯に計上した。
（注2）（　）内の数値は世帯総数に占める割合。

が32・1％、「要介護1」が42・4％。夫婦のみの世帯では、「要支援」が16・6％、「要介護1」が31・3％です。

単独世帯の場合は、「要介護度2」以上の割合が急激に少なくなっています。これは、要介護度が高くなると、子どもなどと同居したり、施設入所などを選ぶことになるからでしょう。

一方、夫婦のみ世帯では、「要介護4」が10・1％、「要介護5」が8・1％と、ほぼ20％近いケースは、「子どもの世話にはならず」、夫婦だけでがんばっている様子が見えます。

子どもは親の世話や介護について、どう思うか。これについては、80％以上の人が「必要だ」と答えています。しかも、20代の若い世代でも70％以上が「必要だ」と答えているのです。日本の親子関係はまだまだ大丈夫だ、ということでしょうか。

私自身は、どちらかといえば「必要だと思わない」と回答したい派です。

大家族制が崩壊し、親も子どももそれぞれの人生に自分で責任をもって生きていく時代です。子どもが家業を継ぐことは稀《まれ》になり、親のほうも、子どもにそれを強いる時代ではなくなっています。結婚も、親や家のしばりはなくなり、自分が選んだ人と一緒に、

親の世話や介護が必要と8割以上の人が回答している

親、その他の人の世話や介護をすることは必要だと思うか

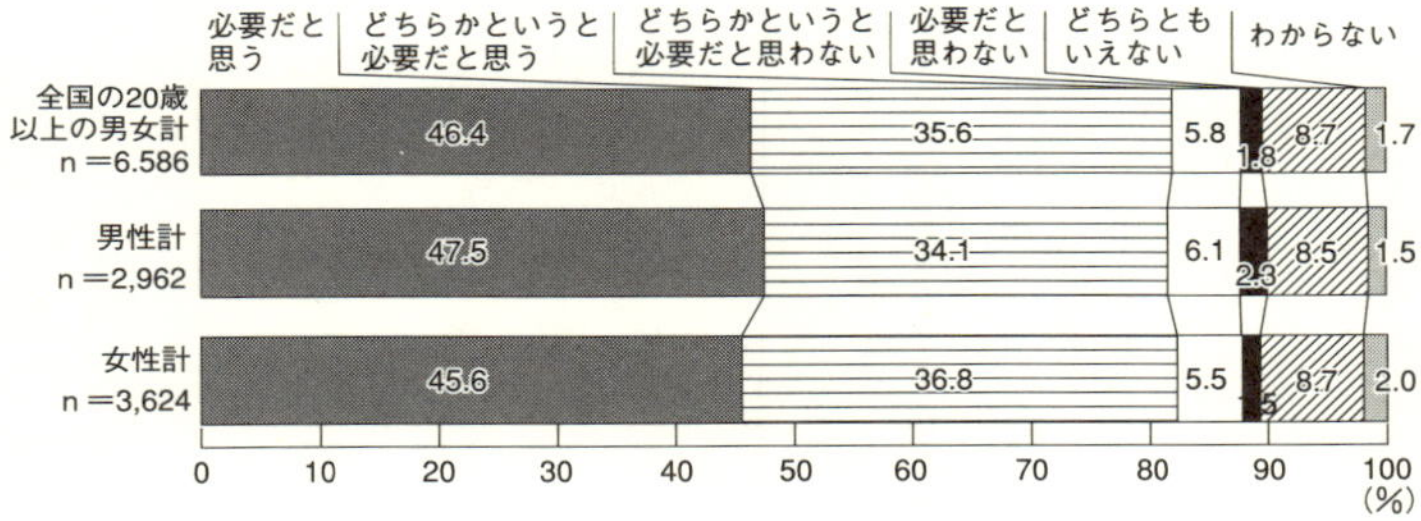

		n	必要だと思う（小計）	必要だと思う	どちらかというと必要だと思う	必要だと思わない（小計）	どちらかというと必要だと思わない	必要だと思わない	どちらともいえない	わからない
20歳以上の男女計		6,586	82.0	46.4	35.6	7.6	5.8	1.8	8.7	1.7
都市規模	大都市	1,483	78.8	40.0	38.8	9.8	6.9	2.8	10.1	1.3
	中都市	2,468	83.0	48.2	34.8	7.9	6.4	1.5	7.5	1.6
	小都市	1,275	84.4	48.2	36.2	7.2	5.9	1.3	6.8	1.6
	町村	1,360	81.5	48.6	32.9	5.2	3.5	1.8	10.8	2.5
性別	男性計	2,962	81.5	47.6	34.1	8.4	6.1	2.3	8.6	1.5
	女性計	3,624	82.4	45.6	36.8	7.0	5.5	1.5	8.7	2.0
男性年齢別	20〜29歳	314	70.7	34.1	36.6	16.9	12.1	4.8	8.9	3.5
	30〜39歳	387	76.7	37.0	39.8	10.1	7.8	2.3	11.9	1.3
	40〜49歳	431	85.4	46.4	39.0	6.5	5.8	0.7	7.9	0.2
	50〜59歳	583	84.4	47.2	37.2	7.4	4.6	2.7	7.5	0.7
	60〜69歳	676	83.3	52.8	30.5	8.0	5.9	2.1	8.0	0.7
	70歳以上	571	82.8	56.7	26.1	5.6	3.9	1.8	8.6	3.0
女性年齢別	20〜29歳	323	80.5	35.6	44.9	10.2	7.7	2.5	6.8	2.5
	30〜39歳	544	79.0	38.1	41.0	9.9	7.9	2.0	9.6	1.5
	40〜49歳	624	82.2	40.5	41.7	7.4	5.8	1.6	9.9	0.5
	50〜59歳	800	83.6	48.6	35.0	6.9	5.4	1.5	8.6	0.9
	60〜69歳	760	81.8	50.9	30.9	5.9	4.6	1.3	9.1	3.2
	70歳以上	573	85.7	52.5	33.2	3.5	3.1	0.3	7.2	3.7

資料：内閣府「社会意識に関する世論調査」（2006年）

好きに生きていくという人が大半でしょう。

それなのに、介護が必要になったときばかり、親子の関係をもち出すのは、大いに疑問です。親の面倒をみたいという気持ちはあっても、実際に介護のために、時間や手間をとられることはかなわない、あるいは事実上、そうなったら、自分の生活基盤が危うくなってしまう、という人が大半ではないかと思うのです。

２０００年に導入された介護保険の基本的な考え方も、「介護は社会で。家族は愛情を」であったはずです。

そして、実際に、夫婦がそろっている間は、かなり要介護度が進んでも、夫婦でなんとかしようとしている。その様子を想像すると、ちょっとつらい気持ちもしますが、まさしく、それが現在の高齢者たちの実像だということです。

もっとも、介護は「べき論」でも、「そうしたほうがよい」という論法でも論じることはできない問題です。それぞれの価値観、人生観、さらには家族環境、生活環境、経済状態などさまざまな要素が関わり合い、からみあい、まさに個々に対応していくほかはないからです。

「なんとかやっていける」状態はいつまでもつづかない

周囲を見ても、父親のときには母親が介護の主体者となり、子どもはサポートするだけでよかったので、そうシリアスにはならなかった。でも、母親のときには、全面的に子どもの出番とならざるをえない。そんなケースが少なくありません。

わが家は、まさにこれを地で行くものでした。

父の亡き後、子どもたちは全員、「うちへきたら?」と母に申し出たのですが、母はそれをすべて拒み、ひとり暮らしを始めました。いろいろ理由をいっていましたが、煎じ詰めれば、住み慣れたところがいちばん。さらに、子どもの家庭にはそれぞれ配偶者があり、気がねだったのでしょう。このとき、74歳。まだまだ元気でしっかりしており、「なにか、仕事をしてみたいわ」などと明るくいっていたほどです。

しかし、年齢を重ねるにつれ、徐々に加齢による心身の衰えが見えてきました。元気な大人の足なら5分もかからない駅ビルや駅近のスーパーまでの買いものが負担になったり、ガスの消し忘れによるなべの大こがしもしばしば。かかりつけ医の帰りに転倒し、救急搬送され、子どもたちが緊急招集されたこともありました。このときは、さいわい軽い怪我ですみました。

わが家のきょうだいは、そうしたことは、年をとれば起こりがちなこと、まだまだ大丈夫だと思い込み、あるいは、そう思い込もうとし、母のひとり暮らしを根本から考え直そうとはしませんでした。

80代に入ったころから、ますます火の元の管理が危うくなり、(当時は介護保険制度発足前であったため)民間のヘルパーを頼み、炊事や買いものを手伝ってもらうようになりました。子どもたちは、これでなんとかなると思ったものです。

この少し後に介護保険制度が導入され、母も申請。最初の認定はすでに「要介護2」でした(導入時の認定のほうが、〝甘かった〟という印象があり、現在の「要介護2」よりは軽度だったように思います)。デイサービスもすすめられ、最初は不承不承でしたが、週に2回、お迎えのバスがくると、出かけて行くようになりました。

そんなある日、母は脳梗塞の発作を起こしました。市から、独居老人のための配食サービスを受けていたのですが、それを届けにきたボランティアが、いくら声をかけても出てこない。そこで、子どもに連絡が入ったのです。子どもが駆けつけ、家に入ると母は居間に倒れていました。

さいわい、脳梗塞は軽く、1ヵ月ほどの入院ですみました。しかし、その後、認知症の兆しがみられるようになり、その様子を見かねた私が実家に移り住み、母と同居することになりました。

その後、さらに認知症の症状が目立つようになり、並行して足腰も弱り、ひとりで立ち上がると危険なため、しじゅう、見守りが必要になってきてしまいました。認知症によくある症状の１つに頻尿があります。10分おき、15分おきぐらいにトイレに行きたがるのです。失禁をおそれるあまりの行為だといわれています。

母もそうでしたが、認知症のある人は、自分の衰えを自覚していないので、黙って立ち上がり、トイレに行こうとします。

母の家は10年ほど前に建て直しました。高齢であることを視野に入れ、できるかぎりバリアフリーとし、要所、要所に手すりを設置したつくりになっていました。それでも、よろよろとトイレに行こうとして転倒でもしたら。そして万一、骨折し、それがもとで寝たきりになるとことはいっそう、大変になります。そこで、四六時中、母のそばに誰かがいて、トイレに行きたいといえばすぐに手を貸すことが必要になってしまったのです。

認知症の介護では。この「見守り」がけっこう大きな負担になります。

こうなった以上、子ども側も腹をくくらなければなりません。

同居したとはいえ、私はかなり忙しい仕事を抱えています。経済的にも仕事をつづけなければならない事情もありました。こうした事情から、ウイークデーの日中は弟の妻たちも参加してくれることになり、交代で実家に泊まり込んでくれ、ほぼ付ききりの介護生活が始まったのです。もちろん、介護保険のサポートもフルに利用しました。

こうした家族総動員の在宅介護を1年あまりつづけたころ、母は突然、異様な嘔吐を繰り返し、救急車で病院へ。腸閉塞でした。この治療のため、2ヵ月ぐらい入院生活を送った後は足腰が立たなくなり、認知症の症状も急に進みました。そこで、入院していた病院の介護型療養病床（以下、療養病床）へ。「要介護度」は一気に「5」に進みました。

子どもたちは在宅介護からは解放されましたが、その後も誰か彼かが毎日のように病院に顔を出すことになり、さらにいえば、かなりの経済的負担がかかるようになってしまったのです。

在宅介護中も、入院後も、きょうだいが4人もいればそれぞれに、そして、それぞれの配偶者にも親の介護に対する考え方の温度差があり、もちろん、それぞれの健康状態、家庭の事情などもあり、いろいろ揉《も》め事もありました。

親は子どもの世話になる気はない。子どもも介護を引き受けるのはちょっと……と思っていたわが家ですが、このように、事態が進むにつれて、「そんなことはいっていられなく」なってしまった……。これが実状でした。

介護問題がふりかかるのは、親が80代半ば以降

私のまわりでも、わが家と同じような経緯をたどるケースは少なくありません。

親が倒れた、ボケた！　要介護状態になってしまえば、それまでの理念や理想はどこかに吹き飛び、待ったなしで「介護生活」を受け入れざるをえない。そんなケースが多いのです。

在宅・施設のいずれを問わず、親の介護をしている人を見ると、介護生活のスタートは親が80代の半ばになったころからが多いようです。子ども側はふつう50代後半～60代にさしかかっています。子ども側も定年退職を目前に控え、自分の足元にも老いが迫ってきています。80代の親、60代前後の子どもという組み合せの介護生活はなかなかしんどいものです。

できれば、介護生活なしに人生を終えることができれば、それがいちばん。なによりも親本人が幸せな人生をまっとうできますし、子ども側の負担もありません。

でも、そんな思いに関わりなく、親の老いは進んでいき、要介護状態になる親がしだいに増えているのは、直視しなければならない現実です。

厚生労働省のデータによれば、要介護になる理由でいちばん多いのは、「脳血管疾患」。脳卒中や脳梗塞などで、全体の３分の１〜４分の１ぐらいです。次いで多いのが「高齢による衰弱」。要介護者の10数％がこれに当たります。私の母もそうでしたが、周囲でも多くはこの理由で、親の介護が必要になっています。

次いで多いのは、「骨折・転倒」。要介護者の10人に１人ぐらいはこれが原因です。あとは、認知症、関節疾患（リウマチなど）、心臓病、視覚・聴覚障害、呼吸器疾患（肺気腫、肺炎など）、糖尿病、脊髄損傷、ガン、パーキンソン病などがあげられています。

いったん要介護状態になったら、回復はむずかしいものです。

医療も介護も非常に質がよくなった現在、要介護状態になってから短くて数年、あるいはさらに長期の介護生活を余儀なくされる場合が少なくないのです。この間、しだいに衰えは進んでいき、在宅介護であれば、周囲の負担も重くなっていきます。

介護期間がどんどん長くなっているという現実も、介護と親子の関わりに大きな影響をおよぼしています。

私は８年、私は10年……。私の友人たちが親の介護に関わった年月は、驚くほどの長さです。

50代、60代で親の介護に時間とお金をとられてしまったら、自分の老後への備えを進

今後の生活に対して、どのような不安をもっているか

順位		男性	女性
1	いつまで健康でいられるかどうかの不安	72%	76%
2	最期まで経済的に問題なく暮らせるかどうかの不安	58%	56%
3	（介護が必要になったときに） 介護をきちんと受けられるかどうかの不安	51%	45%
4	年金がきちんともらえるかどうかの不安	33%	33%
5	事件・事故に遭わないかどうかの不安	26%	24%
6	子ども（または子ども夫婦）に関しての不安	24%	27%
7	とくに不安に思うことはない	10%	7%

資料：シニアコミュニケーション（2006年）

めることが危うくなってしまいます。

子どもは親の介護を引き受けなければならないのかと問われたら、私は「ノー」と答えたいと書きました。裏にはこうした理由も潜んでいます。

子どもには介護の苦労はさせたくない、と考える親

親だって、子どものそうした思いは十分わかっているのです。

現在の高齢者というより、正確にいえば、高齢者予備軍ということになるのでしょうが、シニアコミュニケーションが、50歳以上のインターネットユーザーを対象に、介護問題について調査を行なった結果が上の表です。

まず、シニア世代が「今後の生活に対して、ど

んな不安をもっているか」を聞いた調査を見ておきましょう。この問いに対して、男女とも1位は、「いつまでも健康でいられるかどうか」だと答えています。

次いで、「最期まで経済的に問題なく暮らせるかどうかの不安」、3番目に、「（介護が必要になったときに）介護をきちんと受けられるかどうかの不安」をあげています。


次に、いざ、「介護が必要になったとき、誰に介護をしてほしいか」を介護初期と日常生活が困難になったときに分けて聞いたところ、女性では、「介護初期においても60％以上が、「プロによる介護」を希望しており、男性でも、日常生活が困難になった場合の介護は、50％以上が「プロの手を借りたい」と考えていることがわかりました。

一方、「子どもに介護されたい」と答えた人は、介護初期では、女性で10％強。その他は10％にも満たないのです。ところが男性は、介護初期においては、半数以上が「介護は配偶者、奥さんにやってもらいたい」と考えています。同じ質問に対する女性の答えは32％とほぼ3人に1人。

「初期介護は奥さんにやってもらいたい」と答えた男性に、「反対に、奥さんが要介護になったら、あなたが介護する覚悟はあるんですか？」と聞いてみたいところです。

高槻市長の職を辞して、妻の介護にあたった江村利雄氏のケースが象徴するように、

介護をして欲しい人は？（女性）

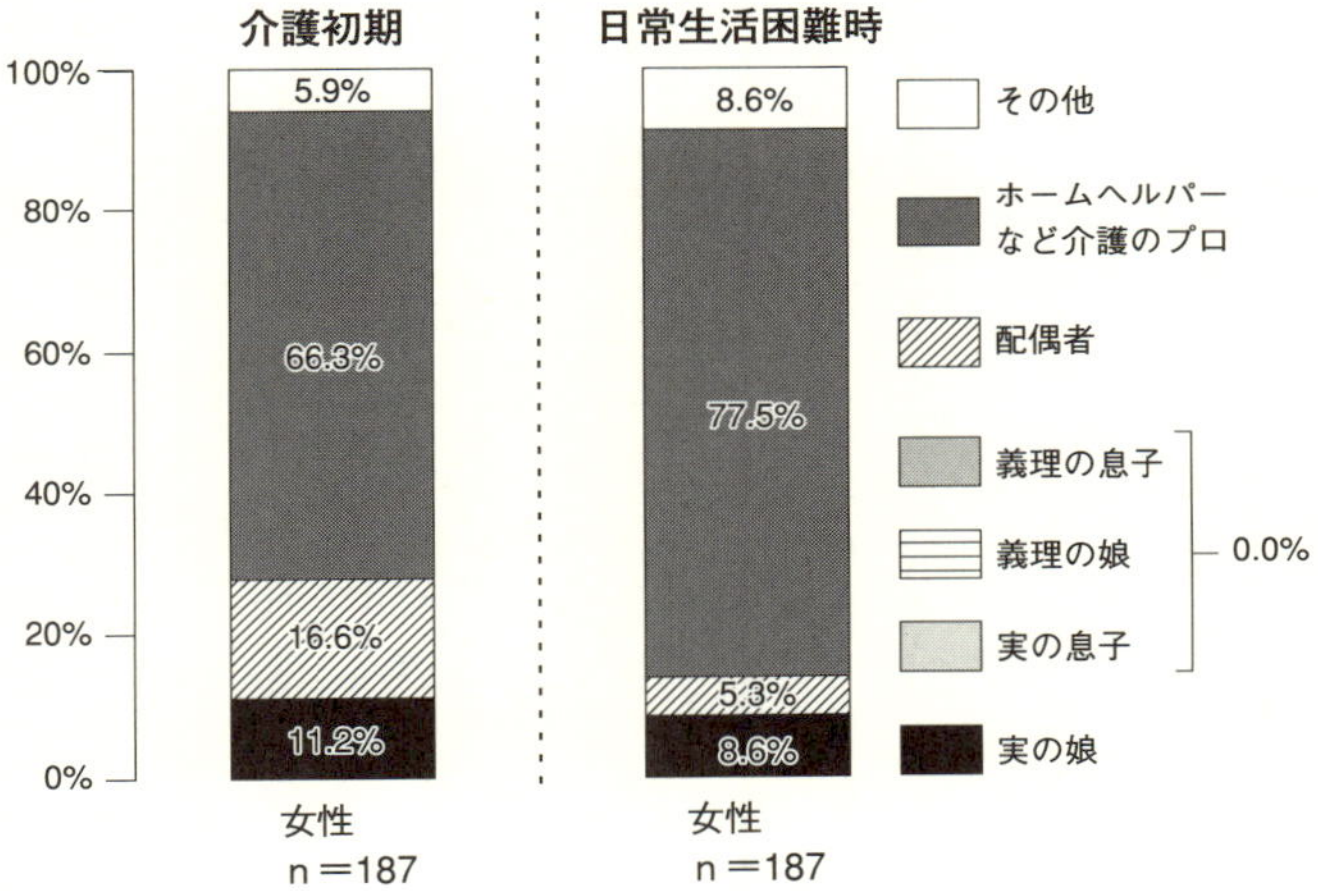

介護をして欲しい人は？（男性）

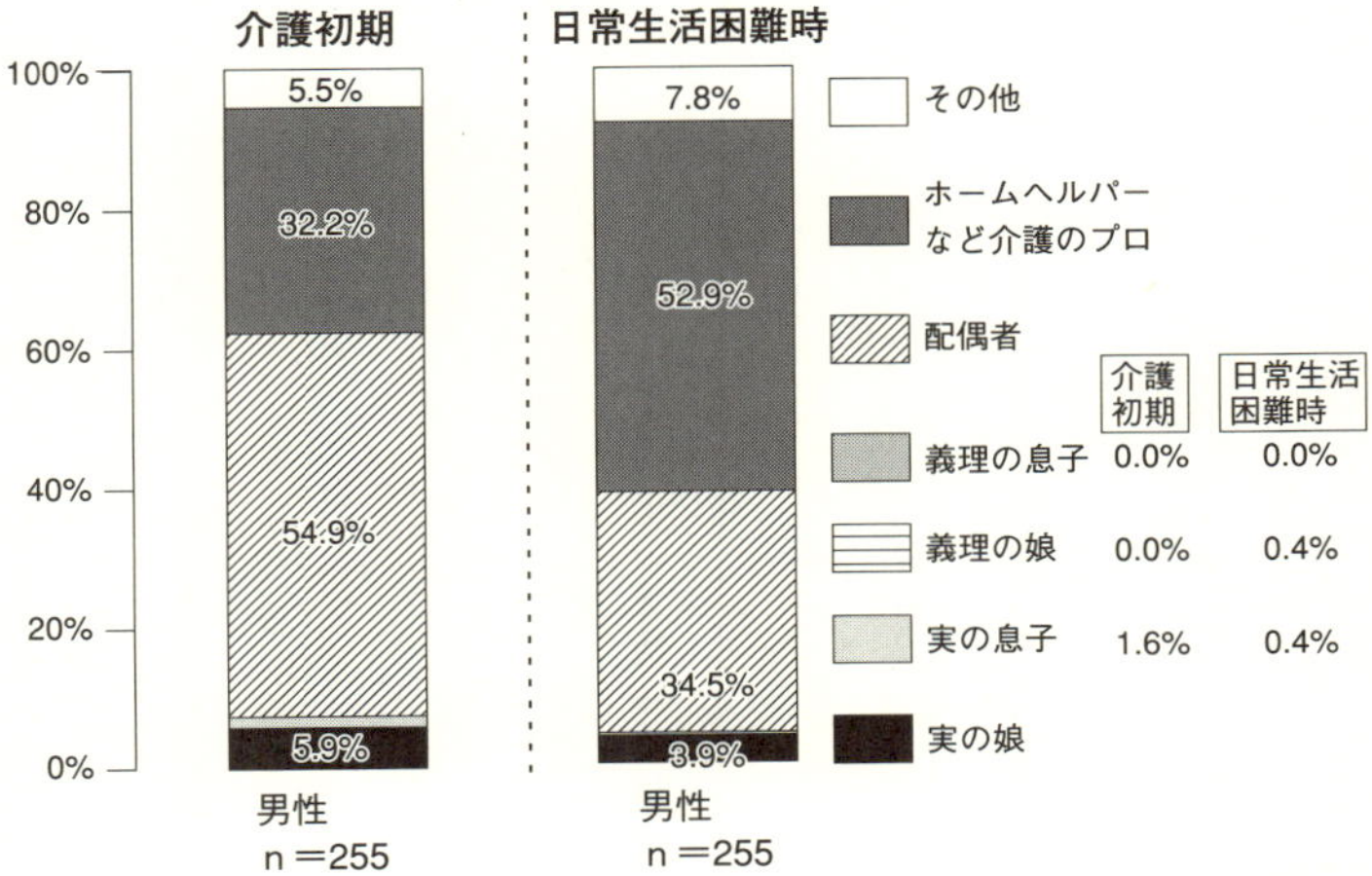

資料：シニアコミュニケーション（2006年）

最近は、夫婦でたがいに介護するというケースが増えてきています。もちろん、妻が夫を介護しているケースが圧倒的に多いのでしょうが、妻を介護している夫もしだいに増えています。

この調査対象から、主に団塊世代前後のシニアたち。つまり、少なくとも団塊世代前後以降の親のほとんどは、「老後、たとえ要介護状態になったとしても、子どもの世話にはなりたくない」あるいは、「子どもに介護の苦労はさせたくない」と考えているとわかります。

現在の高齢者たちと多少の温度差はあるでしょうが、大正1ケタ生まれの私の母も、同じようなことを口にしていたことを思うと、親心というのはそういうものなのかもしれません。

もっとも、親の子どもに対する思いや、親子関係についての考え方は年代差ばかりでなく地域差もあり、私の身辺にも、30代に入ったばかりというような人が、「長男だから、いずれは親を……」と当然のようにいうこともあり、びっくりすることがあります。

親のほうも、団塊世代前後でも、「いずれは息子の嫁の世話になるのだから、お嫁さんの機嫌をとっておかなくちゃ」などと口にする人もあり、まさしく、それぞれの親子で方向性を探るほかはない問題なのだという実感を深めるばかりです。

実際に介護しているのは奥さん、嫁、子どもの順

現在、同居のうえ、介護をしているのは、「配偶者」が24・７％、「子どもの配偶者」が20・３％、「子ども」が18・８％。別居の場合は「別居の家族など」が８・７％、「事業者」が19・６％、「その他」が６・０％。「その他の親族」が２・３％です。

「配偶者」「子どもの配偶者」「子ども」といっても、「妻」「嫁」「娘」であることがほとんど。女性は男性より長生きすることが多いことから、どうしても「夫」の介護の引き受け手になる確率が高くなるのでしょう。

80代も半ば過ぎの超高齢者の場合は、両親そろっていても、それぞれ自分の身の回りのことをするのがせいいっぱい。とても、相手の介護まではできないということも少なくなく、こうした場合は、「嫁」や「娘」の出番になるほかはありません。

しかし、「娘」は結婚先では「嫁」という立場でもあるのです。夫の両親も高齢に達しているわけですから、婚家、実家の両方が要介護状態になる場合も考えられます。両方の介護を引き受けることは事実上、不可能に近いでしょう。

わが家の場合は、４人のきょうだいとも、実家に日帰りで往復ができるところに住ん

でいました。さらに、母が要介護状態になったとき、それぞれの配偶者の親はすでに他界していました。もし、配偶者の親も同時に要介護状態になっていたとしたら、わが家の介護体制づくりはさらに混乱をきわめたことでしょう。

男性はたいてい、仕事をしていますから、時間的にも介護者になることはむずかしいという事情もわからないではありません。でも、２人の弟たち、つまり、私よりも若い世代に属しながら、自分の母親の介護を、「当然のことだ」という態度で、妻に一任したことにはかなり驚きました。

日本では長いこと、介護は家庭内で家族が行なうものだとされてきました。家族構成が大きく変わり、介護保険制度も整備された現在も、その意識はまだ根強く残っているようです。

私も、そして姉も、実は、夫の親の介護は経験していません。

姉も私も、夫の親は他のきょうだいと同居。結果的にはそう長患いせずに亡くなり、それぞれ介護はせずにすみました。

もし、夫の両親が要介護状態になったとき、夫は嫁である私に介護することを求めたでしょうか。夫も亡きいまはそれを確認することもできませんが、ちょっと気になるところです。

要介護者等からみた主な介護者の続柄

（単位：%）

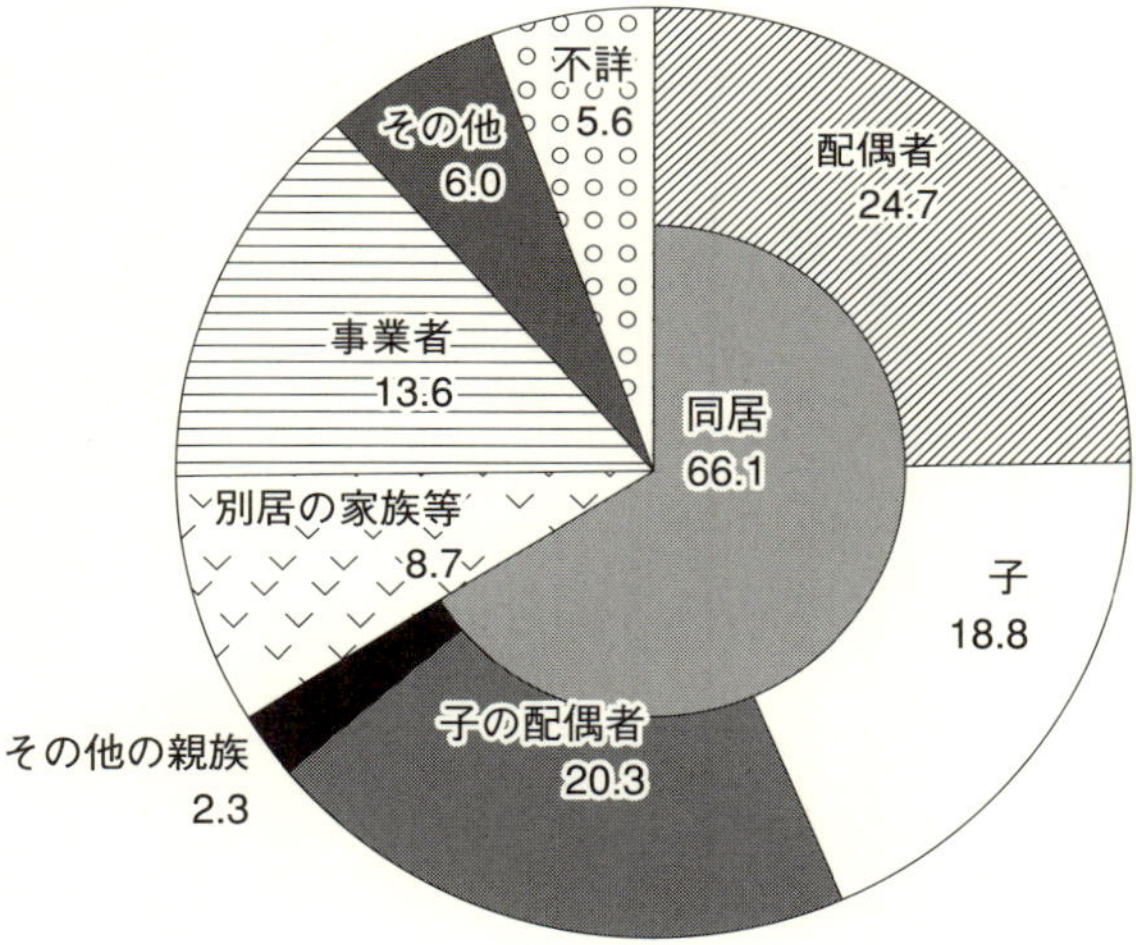

同居の家族等介護者の男女別内訳（単位：%）

配偶者	男（夫）	8.2	女（妻）	16.5
子	男（息子）	7.6	女（娘）	11.2
子の配偶者	男（娘の夫）	0.4	女（息子の妻）	19.9
その他の親族	男	0.4	女	1.9
合　計	男	16.6	女	49.5

資料：厚生労働省「国民生活基礎調査」（2004年）

どうしても親の介護を避けて通れないならば

介護はできるだけプロに任せる

私の経験から、そして現在の傾向を重ね合せるとこんな構図が見えてきます。

① 親も子どもに介護を期待していない。介護の苦労はさせたくないと思っている。

② できるところまでは、なんとか高齢夫婦でやっていく。でも、いよいよ、要介護状態になると、家族の誰かが介護に関わらざるをえない。

ここまでは納得できますし、長いこと、生活をともにしてきた親子や夫婦という縁を考えても、ごく自然の思いでもあるでしょう。

でも、いよいよ要介護状態になり、どういう形にせよ、子ども側が親の生活に関わったり、巻き込まれていくと、思わぬトラブルも起こってきます。

なによりも、介護生活は先が見えない、長く重いトンネルです。高齢者の介護は、育児や病気、けが、あるいは障害者介護と違って、事態が好転することはまず望めません。むしろ、事態はしだいに悪化していく。介護を必要とする状態はどんどん重くなっていくと考えておくべきなのです。

当初の、誠意と好意からスタートした枠組みも、長くはつづきにくいことも考えに入れておくべきでしょう。

むしろ、要介護状態になったら、はじめから、最後まで家庭介護、家族介護でやり抜こうと考えることはむずかしい、と考えるべきだと思っています。

配偶者がまだ心身ともにしっかりしていて、「長年、連れそったお父（母）さんだもの、私が面倒をみる」と決意している場合は、その気持ちを生かす方向を選ぶこともありでしょう。あるいは、娘さん、息子の奥さんなどが、献身的な介護をかって出ることもあるかもしれません。

介護はまさにケースバイケースで、これがいちばんいいという決まった形はありません。それぞれの家で、それぞれの家族が、それぞれの事情を踏まえていちばんよいという形を探っていくものです。

しかし、その場合でも、介護保険制度をはじめ、市区町村が独自に行なっている高齢者のためのサービスのスキームなども総動員し、「介護は社会で」という発想を積極的に取り入れることをおすすめします。

くどいようですが、介護が必要になったとき、〝いい子〟〝いい嫁〟になる必要はありません。

介護保険を利用しながら、在宅介護をつづける場合も、施設介護を選ぶ場合も、家族側の誰に最終確認をすればいいのか、さまざまな連絡は誰あてにすればいいのか、いわば介護の中心的存在になるキーマンを決めることが必要になります。

キーマンは、男女を問わず、実子が担当すべきだと考えています。介護を引き受けるなら、自分の人生と刺し違えるくらいの覚悟が必要となることも少なくないのです。それを引き受けるのは、やはり、実子であるべきでしょう。「長男の嫁だから」は、介護に関するかぎり、死語にしなければならないと思っています。

遺産相続がそうなのです。権利があるのは実子だけ。長男、次男の差もなければ、息子、娘でも差はありません。

介護問題への関わりもこのとおりと考えてはいかがでしょうか。

同居家族がいる場合はさらに細やかな気づかいが必要です。つい、「同居しているのだから、介護を引き受けるのは当たり前」という態度をとりがちですが、同居と介護を引き受けることはまったく別問題だと考えるぐらいでちょうどよいはずです。

同居の家族が介護のキーマンになった場合は、たまに訪れたものが、介護の方法などに口出しすることは避けなければなりません。どうしてもいいたいことがある場合は、よく事情を聞いたうえで発言すること。あるいはケアマネージャーなど、第三者に相談するほうがよいでしょう。

わが家でも４分の１の責任は実子が負う。ただし、各家庭でどのように介護体制を組むかは、それぞれの判断に任せることにしました。たとえば、弟の家庭では、弟は仕事に行く。妻が実家に通ってくるという形をとっていました。つまり、結果的には、息子の嫁が介護のために通ってくれたのですが、母や私などが「○○子さん、お願い」といったわけではなく、あくまでも夫婦で、家族で話し合っての体制でした。微妙な違いですが、実はこれはかなり大事なことだと思っています。

呼び寄せ、遠距離の通い介護はいっそう慎重に

親は地方に在住。子どもは大学進学、就職などを機会に都市に暮らしている……。こうしたケースで、親が要介護状態、それも重度になると、前にも述べたように、

①　子どもの住まい、もしくはその近くに親を呼び寄せる
②　介護保険などのサポートを受けて、親はひとり暮らしをつづけ、子どもが通う形をとる。親子の距離にもよるが、いわゆる遠距離介護になる
③　子どもが親の住まい、もしくはその近くに転居するＵターン介護

の3つからの選択を迫られます。いずれにも、厳しいハードルがあるのが現状です。

まず、①の親の呼び寄せ。親がある程度、判断力をもっていればいるほどむずかしく、慎重なうえにも慎重に進めなければなりません。

人も植物と同じように、地に根をおろして生きている生きものです。長く住み慣れた地域ならば友人もあれば、土地の気候、習慣にも慣れています。不慣れな場所で、顔見知りの人もいない。子どもの家族だといっても、それまでは一緒に暮らしたことがない、にわか家族の仲間入りをするのは、柔軟性に富む若いころであっても精神的負担は小さいものではありません。

田舎から都会に呼び寄せたものの、都会の生活環境になじめず、親がすっかり出無精になってしまい、その結果、認知症を誘発してしまったというケースもあります。

呼び寄せる場合は、親の気持ちをねじ伏せて、というような形にならないよう、なによりも親の納得を得ることが必須条件です。

②の遠距離介護。これも、身体的、時間的な負担に加えて、交通費の負担など、かなりシビアな選択だと覚悟しなければなりません。

介護帰省の交通費をサポートする制度もあります。ＪＡＬ、ＡＮＡとも「介護帰省サービスチケット（パス）」制度を設け、最大40％程度の割引を行なっています。利用に際しては、親が「要介護」であることの証明書を用意するなど、所定の手続きが必要です。

ＪＲは、現段階では「介護帰省サービス」制度はありません。しかし、新幹線回数券や、各種おトクキップがあるので、ホームページなどで検索してみるとよいでしょう。たとえば、京都・大阪なら、ＪＲ東海ツアーズの「１ｄａｙチケット」など、おトクチケットがあります（利用時間に制限があり、また、数日前までの申込みが必要です）。

また、高速バスを利用すれば、交通費負担はかなり抑えられます。

私のまわりにも、弘前に住むひとり親のところに毎月、１回は顔を出している知人、富山の、これもひとり暮らしの親のところに、１ヵ月おきくらいに通っている知人など遠距離介護を選んだケースは少なくありません。

どのケースも、身体的にも精神的にも、そして経済的にも、本当によくがんばっていると感服するほかはありません。

遠距離介護では、頻繁に連絡をとりあうことも大切です。わが家もそうでしたが、電話のほかにも、ＦＡＸも活用し、要件をわかりやすいメモ書きにして伝えるというような配慮をしたいものです。

ＮＰＯ法人「パオッコ」は、離れて暮らす親のケアを考える会。高齢の親と離れて暮らす場合の情報をえたり、同じような体験の持主の情報や体験の共有などを目的に、盛んな活動を展開しています。

ＮＰＯ法人「パオッコ」～離れて暮らす親のケアを考える会
電話：０３（５８４０）９９３５
ホームページ　http://www.paokko.org/

③の転居介護ではこんなケースがあります。知人は、兄と2人きょうだい。兄夫婦は結婚以来、両親と同居でした。お父さんが亡くなり、数年後、お兄さんの奥さんもガンで亡くなってしまいました。その数年後に、80代に入った母親に認知症が現れ、知人はご主人、2人の子どもとともに、お兄さんの家（つまり、実家）に移り住み、お母さんの介護に当たっています。実家も首都圏で、ご主人の通勤にさしつかえない地域だった

ので、こうした選択も可能だったわけです。

また、ある知人は、九州に住む奥さんの親が要介護状態になり、まず、奥さんが九州に移り住んで介護生活に入りました。２年後、知人は定年退職を迎え、首都圏の住まいを処分すると、九州に移り住みました。この場合は、ご主人の親はすでに２人とも他界していたとのこと。知人は東京出身ですが、九州に移り住むことに異存はなかったといいます。

最近は、親の介護が必要なころには、子どもが定年退職を迎えているケースも多く、親の家、親の近くに移り住むケースも増えていくものと思われます。

増えている介護離職、でも、その後は……

家族の介護のために、がんばってつづけてきた仕事をやめる。という選択をするケースもあります。

総務庁の「就業構造基本調査」によれば、最近では１年間にほぼ13万人が介護のために離職しています。うち２人に１人はパートタイマー、正社員は30％強。当然というべきか、総数は女性２対男性１の割合です。

夫が家計をにない、妻がパートなどに出ている場合などで、妻がパートをやめるという離職が多いようですが、正規の仕事を手放す人も少なくないこと、男性の離職者も想像以上に多いことに驚きます。仕事は、生計を維持するためにはもちろん、生きがいを得るためにも不可欠なものでしょう。

05年から、「介護休業制度」も事業主に義務づけられ、かなりの進化を見せたというものの、最大でも3ヵ月程度の休業では〝焼け石に水〟だという実感をもつ人も少なくないでしょう。

とはいえ、介護休業制度を利用して、男性もどんどん親の介護に参加してほしい。それにより、介護の実状を、実感をもって理解できるようになるはずですし、家族の一員として介護に参加すべきだという自覚もうながされるでしょう。

ある知人のケースです。鹿児島に住む父親の介護をしていた母親が弱ってきたことを見かね、介護離職を決意しました。彼は6人きょうだいで、彼1人が東京在住。他の5人は地元在住でしたが、それぞれに事情を抱えていて、「自分がやめるほかなかった」といっていました。彼の奥さんも仕事をしている方で、奥さんは仕事をつづけることを選択しました。

彼の仕事はグラフィックデザイナーで、組織を離れ、フリーで仕事をすればよいと考えたようです。

離職後、彼は毎週、３日間は鹿児島、４日は東京でフリーとして仕事をする、という形をつづけました。しかし、２年後、父親が亡くなるころには、フリーの仕事もうまくいかなくなり、さらに、離婚という思わぬ事態にもなっていました。

いま、彼は、「少なくとも、介護のために退職したのは考えが甘かった」といっています。

では、どうすればよかったのか。答えに窮します。

こうしたケースを見聞きしていることもあり、大事な親のためとはいえ、また、のっぴきならない状態に追い込まれたとしても、仕事を手放すことだけは踏みとどまるべきではないか。自分の人生は親の介護の後も、さらにつづいていくことを考えたうえで、なんとか活路を探すことはできないか、と私は考えています。

私の体験では、ケアマネジャーもこうした考えを理解したうえで、支援策を探してくれます。「親よりも自分」ではなく、「親も、自分も」よりよい生き方を探る。これが、目指すべき介護のあり方ではないでしょうか。

介護の犠牲になってはいけない

介護にかぎらず、どんな場合も、誰かの犠牲のうえに成り立った解決策は、真の解決策にはなりません。

家族で介護を引き受け、体力的にも精神的にも、余裕を失っていくよりも、公的支援などを積極的に取り込み、家族はできるだけゆとりをもてる体制を探る。長い目で見た場合、そのほうがメリットが多いはずです。

ただし、これは〝言うは簡単、行なうは難し〟です。介護保険制度は、世界に誇れる、非常にすぐれた制度だと思いますが、だからといって、介護保険ですべてOKというわけにはいきません。

なぜなら要介護度が進んでいくと、介護保険の枠組み内のサポートだけではとても足りず、望んだ介護を受けられないことも多いのが実状だからです。施設介護にいたっては、入所を望みながら、長いこと、本当に長いこと、待機させられているケースも多いのです。

そんな事情から、家族で介護はしないと決意したところで、実際は、否応なしに、家族が介護をせざるをえなくなる。これが現実だと思います。

そうしたなかでも、つねに、「介護は社会で」という視線をもっていれば、介護をめぐるさまざまな情報にも敏感になり、活路が開けていくこともあります。

そして、なによりも、介護をひとりで、あるいは家族だけで抱え込むことはない、と考えることをおすすめします。

私の場合、日々の自分の生活と親の介護問題を共存できたのは、早くから公的介護サービスをフルに利用し、施設介護を視野に入れて行動してきたからだと思っています。

母は、安定した状態でプロの介護を受け、４人の子どもは、それぞれ自分の生活を大事にしながら、それぞれができるだけ足しげく母のところに通い、細やかな気づかいを示す。そんな介護生活そのものには、悔いは残りませんでした。

じょうずな介護のための７つの押さえどころ

母の介護問題が浮上してきたとき、私が最初にしたことは母が住む市の老人福祉課に足を運ぶことでした。

これは、取材先で知り合いになった、高齢者福祉の専門家から、「制度は利用者が使いながら、育てていくもの。そのためには、公的支援を積極的に利用し、制度の不備があればどんどん申し出ることが大事なのです」と聞いていたからです。

最近はほとんどの市区町村が、高齢者福祉に積極的な取組みを見せています。親が〝年をとってきたな〟と感じたら、市区町村役所を訪れ、必要な情報を手に入れておくべきだと思います。

介護保険の導入時には、「人のお世話にならなくても、なんとかなる」とか、「他人が家に入るのはイヤだ」という理由で、利用を拒む人も少なくなかったものでした。

最近は、介護保険もすっかり浸透し、利用をためらう人はかなり減ってきました。それでも、現在の要介護認定者が全員、フルに利用したら、サービス提供のほうが追いつかない。これも介護保険のもう1つの現実です。

そうした狭間《はざま》に揺れ動いているのが、介護制度の現状であることを念頭に入れつつ、介護に直面した場合のポイントにまとめてみました。

〈介護7つの押さえどころ〉

1　自分ひとりで背負いこまない

介護は社会の問題だ、と思っているぐらいでちょうどよいくらいです。同居の場合は、別に暮らすきょうだいにも、参加を求めましょう。

2　利用できるものはなんでも、積極的に利用する

介護保険はいうまでもなく、地域のボランティア活動など、市区町村の窓口、あるいはシルバー人材センターに相談をもちかけるなどして、受けられる支援は、積極的に活用しましょう。

3　介護の専門家に相談する

市区町村の高齢福祉課や地域包括サービスセンターなど、機会を見つけて、介護の専門家に相談しましょう。

「もちはもちや」です。専門家ならではの情報や費用軽減のための〝秘策〟など、思わぬ知恵を得られることも少なくありません。

4　介護仲間をつくる

介護施設など高齢者が集まる場所に付き添っていった場合などには、同じような立場の人に積極的に話しかけ、介護仲間をつくると、意外な便利・おトク情報が手に入ることもあります。

介護は市区町村ごとの仕組みが主体であることが多いので、同じ地域で介護に当たっている知り合いをつくるほうが、実際に役立つ情報が手に入ります。

5　介護機器や介護グッズをよく見て歩く

聖隷クリストファー大学の林玉子教授は、「人間は道具を使う動物。機能が衰えたら、道具を使えばいい」といっています。高齢者の場合も同じ。最近は、重宝な介護用具や機器もたくさんあります。

介護用品売り場をのぞいたり、介護売り場の人に相談をもちかける。あるいはホームページなどで、介護グッズ情報を知り、積極的に採り入れましょう。

6　経済的な枠組みをしっかり理解しておく

経済はどんな場合にも基盤となる要件の1つです。介護が長期にわたることも考えに入れ、無理のない取り組みを考えましょう。

7　自分の人生を大事にし、積極的に楽しむ

「私ががんばれば……」「私がしっかりするほかはない」というような考え方はマイ

ナスになる場合も少なくありません。介護期間も、大事な自分の人生の一部です。仕事や、友人との付き合い、趣味まで手放すべきではないでしょう。

介護にあたるなら、いままで以上に人生を楽しむ姿勢や、趣味や友人との時間が大事になると考えるぐらいのほうがよいくらいです。

周囲も、介護を手助けすることはもちろん、介護者が、あまり追い詰められてしまわないように配慮したいものです。

現在、介護者のうつが急増するなど、介護者のケアも大きな問題になっています。

わが家では、在宅介護中、ヘルパーがくる時間になると、泊まり込みできてくれている義妹とつれだって、ランチに出かけたり、ショートステイを利用して親を施設に預け、小旅行にも出かけたり、と介護者のストレス解放に努めました。

そして、その費用は介護費に計上し、介護予算から捻出していました。

介護中のストレスをやわらげるために、こんな工夫をしている例もあります。

Ｏさんは母親の介護を始めてまもなく、若いころからの夢だったハープを習い始めました。ある日、買い物に出たとき、ショーウインドウに映った自分の顔があまりに引きつって見えたからといっています。

自分が気持ちにゆとりをもっていなければ、介護はやっていかれない。そう痛感したOさんは現実感とは対極にあるものを始めようと考え、10代のころ、あこがれていたハープを習うことにしたのだそうです。

男手ひとつで、寝たきりの父親の介護をしているEさんは、毎週2回、夜、1時間ぐらいですが、親を置いて、飲みに行ってしまいます。

万一、飲んでいる間になにかがあったら、そのときはそのとき、と覚悟しているのだといっています。

介護者が煮詰まってしまっては、いい介護ができるわけはないのです。ですから、介護者には、このくらい、思い切った発想があってもいい、と思います。

第2章　親の介護で共倒れにならないための介護保険知識

介護保険の概略だけでも予習しておく

〝大成功〟だった介護保険。利用者は倍増。コストも倍増

介護保険は2000年4月にスタートした制度で、高齢になり、病気や認知症のために生活に不自由を感じたり、介護が必要になったら、さまざまなサービスを利用できるという制度です。

40歳以上の国民すべてが加入することになっており、この保険の下で介護サービスを受けられるのは65歳以上の高齢者であることが原則になっています（40〜65歳未満でも、若年性アルツハイマー病、脳血管疾患、パーキンソン病関連疾患など特定の疾病の場合は介護保険の利用対象になります）。

制度の概要は、40歳以上の国民は保険料を支払う。この保険料と（50％）と国（25％）、都道府県（12・5％）、市区町村（12・5％）からの給付で（つまりは税金）、制度をまかなうというものです。

介護保険制度の概要

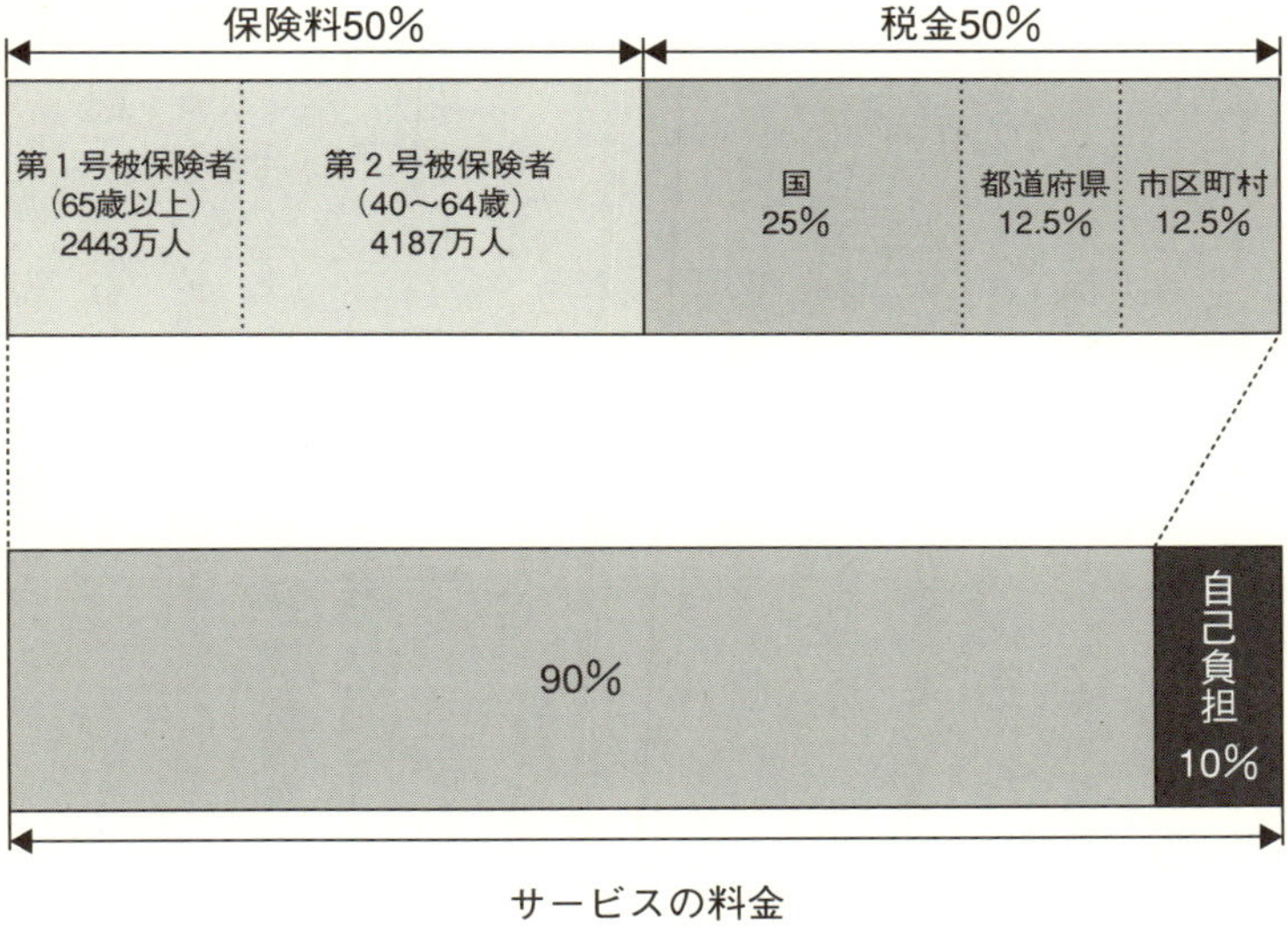

介護が必要になり、要介護認定を受けたときには介護保険の保険者である市町村がそのコストを事業者に支払い、利用者はその1割を負担する。こうして、介護を社会全体で支えていこうというわけです。

世界でも介護保険制度を整えているのはドイツと日本ぐらいです。ドイツの場合は現金給付（介護者が給付金を得ることも選択できる）制度がありますが、日本は現物給付のみで、利用者が受けられるのはサービス（現物）のみです。

ちなみに、福祉先進国のイメージが強いスウェーデンやイギリスでは、一般財源（税）で行政サービスの一環として、オランダでは慢性期医療の保険のなかで高齢者介護を支えています。アメリカは州ごとに対応が異なりますが、よく知られているように、健康保険制度も確立されておらず、介護保険制度もありません。

２０００年に導入されてから５年あまりを経た現在、介護保険をめぐる事情も大きく変わりました。要介護者認定数は導入時２１８万人だったのが、04年９月には４０２万人とほぼ倍増。居宅サービス利用者導入時約97万人、施設利用者は約52万人の計１４９万人であったのが、05年４月には居宅２５１万人、施設利用者約78万人の計３２９万人と２・２倍にふくれ上がり、評論家の樋口恵子さんは、「皮肉なことに、介護保険は大成功だった」とコメントしているほどです。

なぜ、「皮肉なことに」というフレーズがつくかといえば、利用者の拡大によって、介護保険から支払われる費用もふくれ上がり、サービス費は導入時の３・６兆円から、06年度予算で７・１兆円へとほぼ倍増しているからです。

この予算の拡大分につれて、介護保険料はどんどん上がっています。介護保険料は、65歳以上の第一号保険料と40～65歳未満の第二号保険料に分けられていますが、第一号保険料の全国平均額は00～02年は月額２９００円から、03～05年度は３３００円へと上がり、今後もさらに上がりつづけることは避けられないでしょう。

しかし、介護保険は高齢者、親の介護問題に悩む人にとっては大きな支えとなるまでに成長してきたことはたしかです。

わが家も介護保険には本当に助けられました。介護保険がなかったら、コスト負担は相当アップし、療養病床に入院するという方法は選択できなかったでしょう。

なお、よくお尋ねがあるのであえて書き添えますが、療養病床を利用する場合に、多床室（いわゆる大部屋）以外の利用を希望すれば、一般の入院と同様に、「室料」が必要になります。この室料は、いうまでもなく、「高額療養費制度」の適用外です。

介護保険〝改正〟でなにが変わったのか

第１章でお話したとおり、日本では今後も高齢人口がふくらむ一方で、それにつれて、寝たきりや認知症の高齢者も増えていくことは避けられません。介護期間の長期化も進み、介護者の家族の高齢化、少子化など、介護をめぐる環境はどんどん厳しくなる一方です。

そこで05年に介護保険の見直しが行なわれ、それまでの制度が大きく改正されました。改正のポイントは次の２つです。

1つは、「要支援」「要介護1」の「軽度者」をこれまでの支援サービスから介護予防サービスに切り換え、要介護度の進行にできるだけ歯止めをかけようという方向性です。介護予防することにより、要介護者がふくらむことを抑えようというわけです。

前に触れたように、要介護状態になる3大要因は、脳血管疾患、骨折・転倒、さらに認知症です。認知症の多くは、老齢による心身の衰えからくる〝痴呆〟です。体は使わないとどんどん機能が低下してしまいます。頭も同じです。年をとり、ぼんやりと家で過ごすことが多くなると、しだいに頭の働きも低下していき、ついには認知症になってしまうことが多いのです。

介護予防は、具体的には、

・筋肉トレーニング（運動機能の向上を図る）
・栄養改善
・口腔ケア
・「認知症予防・支援」
・「うつ予防・支援」
・「とじこもり予防・支援」

といったメニューで、要介護状態になることを防ごうという試みです。

今回の改正で、こうしたメニューを提供する事業者には、介護保険からの給付金が出ることになったのです。

もう１つの改正ポイントは、施設利用者にホテルコスト（居住費・光熱費・食費など）を負担してもらおうということです。これは制度の改正に半年さかのぼり、05年10月から導入されました。特別養護老人ホームなどの施設入所者はもちろん、デイサービス利用者の食費なども自己負担となりました。

この〝改正〟により、母の場合は、介護保険でカバーされていた分の支払額はそれまでの2倍以上になりました。

ただし、本人や世帯所得・収入が非課税扱い（年収80～１００万円以下であるなど）であれば、「減免」が受けられ、コスト負担は軽減されます。

これほどの〝改正〟をしても、介護保険からの支払いは今後もさらにふくらんでいくことが予想され、２０１０年度には８・８兆円になると試算されています。このままでは赤字はさらにふくらみ、健康保険、年金も含めて消費税の引き上げはやむをえないとか、介護保険の負担金は、健康保険の自己負担金と同レベル、つまり、現在の１割負担から３割負担まで引き上げられるだろうなどとさまざまな予測も飛び交っています。

親が高齢であるかどうかに関わりなく、40歳以上であれば国民みな、介護保険の被保険者です。つまり、介護保険制度はまさに、自分自身の問題でもあるといえると思います。自分自身が高齢になったときのためにも、介護保険制度に関心をもち、制度の今後をウオッチングしていかなければなりません。

負担はしたくない、サービスは受けたい。つまり、あれもイヤ、これもイヤという子どもっぽい議論は通りません。しかし、限界のある費用をどう配分すべきかなど、国民も正しい関心をもって、せっかくスタートした介護保険を有用で、持続可能な制度としていかなければならないでしょう。

そうしたことも視野に入れつつ、以下は、親が介護保険を利用するときに子どもとしてサポートしたほうがよいことを中心にまとめてみました。

要介護度認定のときは、子どもも立ち会う

介護保険の利用が必要になったら、まず、市区町村の介護保険課などに、「要介護認定」の申請を行ないます。06年の介護保険改正にともない、新たに設けられた「地域包括支援センター」でも受け付けてくれます。それがどこにあるかなど、さまざまな情報を得るためにも、まず、市区町村の介護保険課、高齢福祉課などに足を運んでみましょう。

申請は家族以外にも、介護保険施設やケアプラン作成事業者などでもできますが、できればまず本人か家族が出向き、自治体がほかにどのような高齢者支援メニューをもっているかなども尋ねるとよいでしょう。

多くの自治体が、介護保険のほかにも、配食サービス、移送サービス、家事援助などの高齢者福祉サービスを実施しています。

また、地域の社会福祉協議会や福祉公社、シルバー人材センター、ボランティア団体などが行なうサービスもあります。こうした情報は、市区町村の高齢福祉課や、06年の介護保険の改正により、新たに設置されるようになった地域包括支援センターで得られます。たいてい、その地域で受けられるサービスをまとめた小冊子などが用意されています。

要介護度認定の申請をすると、親の心身の状態を把握するために、調査員が自宅を訪れます。訪問日はあらかじめ連絡がありますから、できるだけ家族も同席し、親のふだんの様子などを伝えるとよいでしょう。

母もそうでしたが、認知症の人は、他人の前では妙にしっかり受け答えすることがあるのです。ふだん、できないことも「できます」と返事をすることもあります。もちろん、専門の調査員はそれらを折り込みずみで面談しますが、家族の口添えがあればより正確を期すことができます。伝え忘れがあるといけないので、伝えるべき要点をメモしておくと万全でしょう。本人の前でいうと、プライドを傷つける懸念のあるようなこと（たとえば排泄の失敗など）は、メモにして添えるとよいと思います。

訪問調査員は、新規の場合は市区町村が行ない、更新や区分変更の場合は市区町村や、委託を受けた指定居宅介護支援事業者などが行ないます。いずれも守秘義務があり、調査内容をもらした場合は刑事罰を受けることになっています。

したがって、調査員には認知症の症状などを隠す必要はなく、ありのままを伝えるようにすべきです。かといって、オーバーに伝えて、より重度の介護認定を受けようと作為をこらすようなことも意味はありません。たくさんの事例を見ている専門の調査員には、そんな小手先の細工は通じません。

この訪問調査の結果をコンピュータに入力し、一次判定が行なわれます。

この結果に主治医の意見書を合わせ、介護認定審査会により二次判定が行なわれ、要介護度が決定されます。

要介護認定の流れ

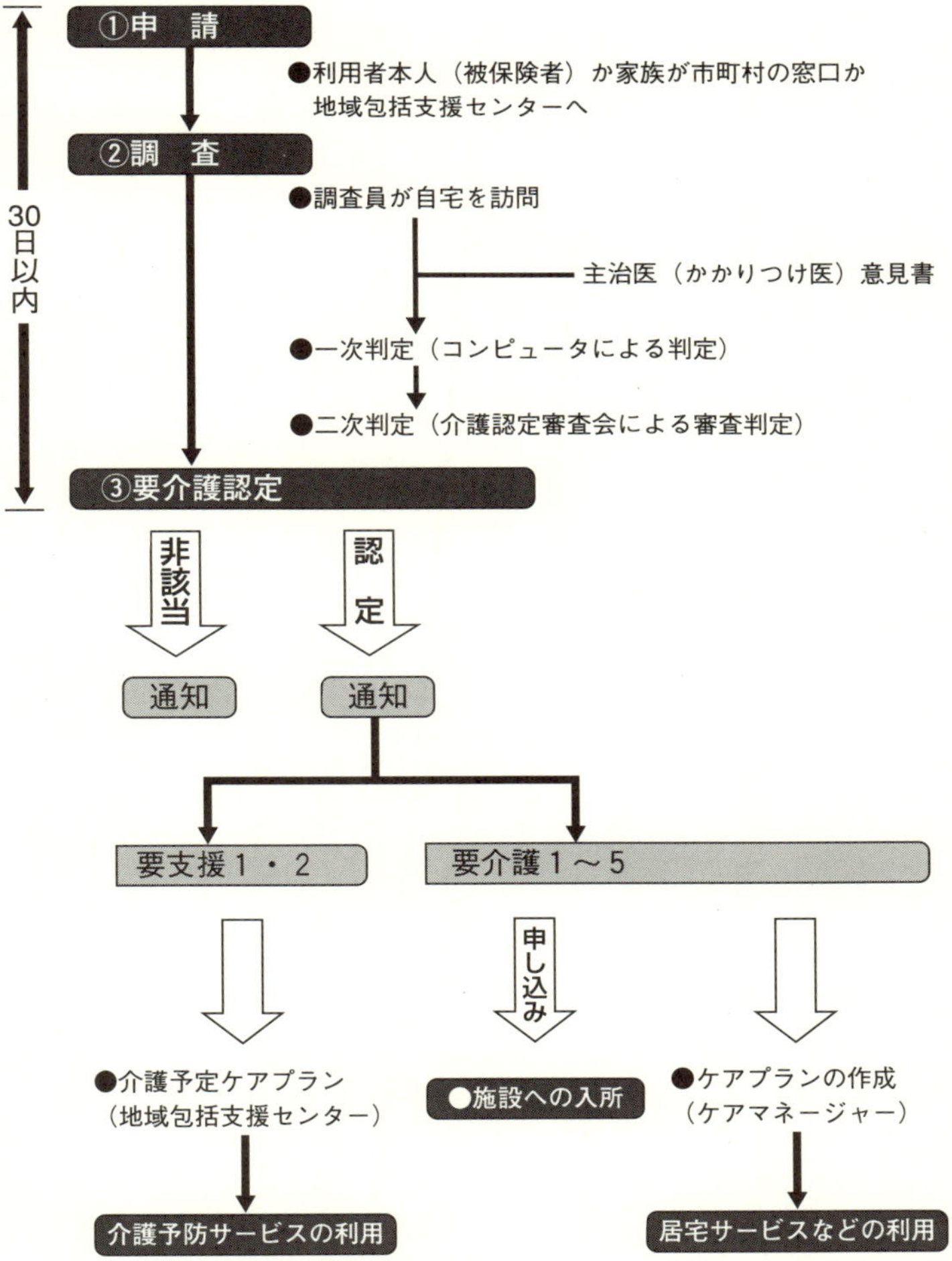
①申　請
●利用者本人（被保険者）か家族が市町村の窓口か地域包括支援センターへ
②調　査
●調査員が自宅を訪問
主治医（かかりつけ医）意見書
●一次判定（コンピュータによる判定）
●二次判定（介護認定審査会による審査判定）
30日以内
③要介護認定
非該当
認定
通知
通知
要支援１・２
要介護１〜５
申し込み
●介護予定ケアプラン（地域包括支援センター）
●施設への入所
●ケアプランの作成（ケアマネージャー）
介護予防サービスの利用
居宅サービスなどの利用

認定は原則、30日以内に通知される

以上のプロセスを経て、「要支援1～2」「要介護1～5」の7段階のいずれかの判定結果が通知されます。

認定の結果は、原則として申請から30日以内に、被保険者（本人）に通知されます。

親の状態がまだ、そのいずれにもいたっていない。つまり、「自立」と認定された場合は、介護保険サービスは利用できません。しかし、市区町村によっては、「自立」の高齢者でも利用できる高齢者福祉・保健サービスを行なっているところがあるので、さらに問い合わせてみるとよいでしょう。

いったん、「自立」と認定されても、親の状態が変わった場合などは再度、申請してみることです。また、認定後、心身の状態が悪化した場合も区分変更の認定を申請できます。

また、介護保険認定は新規の場合は6ヵ月、更新の場合は1～2年ごとに「更新認定」が行なわれ、「要介護度」が変更されることもあります。

要支援・要介護度のめやす

<table>
<tr><th></th><th>親の意識の変化</th><th>親の体の変化</th><th>親の生活の変化</th></tr>
<tr><td>要支援1</td><td></td><td></td><td>部屋の掃除や身の回りのことが十分にできなくなった。トイレや食事はほとんど自分１人でできる</td></tr>
<tr><td>要支援2</td><td>身だしなみが前よりいい加減になった</td><td rowspan="2">立ち上がったり、歩いたりするときによろけるようになった</td><td>身の回りのことに少し助けが必要になってきた</td></tr>
<tr><td>要介護1</td><td>記憶力や思考力がやや衰えたようだ</td><td>身の回りのことになんらかの助けが必要になってきた</td></tr>
<tr><td>要介護2</td><td>感情が不安定。記憶力や思考力が明らかに衰えてきた</td><td>立ち上がったり、歩いたりするとき、誰かの支えが必要になった。</td><td>身の回りのこと全般に助けが必要になってきた</td></tr>
<tr><td>要介護3</td><td>近所を徘徊するなど問題行動が見られる場合も。記憶力、思考力が落ちた</td><td>１人では立ち上がったり、歩いたりできなくなった</td><td>身の回りの世話や立ち上がりが１人でできない。排泄などで全般的な介助が必要</td></tr>
<tr><td>要介護4</td><td>金銭や火の扱いでトラブルを起こすなど、問題行動がやや見られる。理解力が落ちた</td><td>自分で立ち上がれず、トイレにも行けない</td><td>自分の身の回りのことがほとんどできない。全面的な介助が必要</td></tr>
<tr><td>要介護5</td><td>大便をいじったり、自分のオムツを食べるといった異様な行動が見られることも。人の話がほとんど理解できない</td><td>完全に寝たきり状態になってしまった</td><td>日常生活を営む機能が著しく低下しており、全面的な介助が必要</td></tr>
</table>

資料：「週刊ダイヤモンド」（2006年10月28日号）

認定に納得がいかなければ、再審査もできる

認定された要介護度に不服があることもあります。

不服がある場合は都道府県の「介護保険審査会」に申し立てができます。申し立ては、認定の結果通知を受け取った翌日から60日以内に行なわなければなりません。

不服が生じるのは、思ったより要介護度が軽いという場合がほとんど。友人・知人の話などとくらべて、「うちの親は、○○さんの親と同じくらいの状態なのに、要介護度が低い。おかしいんじゃないか」といったことが多いようです。もちろん、同じようなレベルかどうかは、家族の受け止め方にもよりますし、認知症の場合などは症状の現れ方にもよるので、一概にはいえないものですが。

私の体験、それから、まわりで親などの介護にあたっている人たちの間には、「最近は認定が厳しくなる一方。少し前から、要介護2か3ぐらいの状態でも、要介護1、2くらいにしか認定されない」という声があることもたしかです。導入時には〝大盤振る舞い〟しすぎたということなのでしょうか。

しかし、判定に納得がいかないときは、面倒がらずに、また、「一度、決まったものに文句をつけるのは悪いのでは……」と遠慮したり、躊躇することなく、不服申し立てを

行なうことをおすすめします。

介護保険では、どんなサービスを受けることができるのか？

要支援・要介護認定を受けると、介護保険のサービスを受けることができます。支給限度額は要介護度により決まっています。

介護サービスはそれぞれ点数（金額）が決められているので、介護度に応じた限度額を考えながら、必要なサービスをいくつか組み合わせて、ケアプランを立てます。利用者はかかった費用の1割を負担します（たとえば、「要介護1」で限度額いっぱいにサービスを利用した場合、自己負担額は月額1万6580円になります。限度額を超えてサービスを利用することもできますが、超えた分の費用は全額、自己負担となります）。

ケアプランは自分で立てることもできますが、一般的にはケアマネージャーが立ててくれます。ケアマネージャーは、ほとんどの場合、居宅介護支援事業者に所属しています。

事業者は利用者が自由に選べることになっていますが、たいていは、居住地域の介護保険課や地域包括センターなどから、紹介を受けることが多いようです。

介護サービスには、自宅に住んで介護を受ける「居宅サービス」と、介護施設に入居する「施設サービス」があります。まず、「居宅サービス」から見ていきましょう。

介護保険支給限度額（在宅でサービスを利用する場合）

要介護区分	支給限度額
要支援1	4万9700円
要支援2	10万4000円
要介護1	16万5800円
要介護2	19万4800円
要介護3	26万7500円
要介護4	30万6000円
要介護5	35万8300円

◆「在宅」で受ける介護サービスの種類と利用法

【介護予防】

「要支援」は基本的に、介護度がなるべく進まないように〝予防〟することが目的です。さまざまな介護サービスを〝介護予防〟のために受ける、と考えればよいでしょう。具体的には、生活のなかでどうしてもできないこと〝だけ〟を手伝うことが中心になります。限度額も低く抑えられており、利用できる回数もより制限されます。

要介護認定で、「非該当（自立）」と認定された人でも、要支援・要介護になるおそれがある場合、また、予防診断で「虚弱」と診断された場合は、介護予防のためのサービスを受けることができます。

【訪問サービス】……ホームヘルパーや看護師などが自宅を訪問してくれるサービス

1　訪問介護（ホームヘルプサービス）

ホームヘルパーが家庭を訪問して行なうサービスで、もっとも利用頻度が高い。食事・排泄・入浴・着替えの手助けなどの「身体介護」と、掃除・洗濯・買いものなどの「生活援助」がある。

05年4月の改正後、生活援助は1回・1・5時間未満までと制限されている。

2　訪問入浴介護

移動入浴車で家庭を訪問し、入浴の介護を行なうサービス。

3　訪問看護

看護師が家庭を訪れ、看護や診療の補助を行なうサービス。看護師は訪問看護ステーションや医療機関から派遣される。

4　訪問リハビリテーション

理学療法士、作業療法士などが家庭を訪問して、自己注射、人工透析、人工呼吸器での呼吸法の管理・指導など、療養上の管理や指導などを行なうサービス。

5　居宅療養管理指導

医師・薬剤師などが訪れ、栄養管理などを行なうサービス。

【通所サービス】

1　通所介護（デイサービス）

施設などに日帰りで通い（送迎サービスがある）、食事・入浴・リクリエーション・機能訓練などを受ける。

2　通所リハビリテーション（デイケアサービス）

デイサービスとほぼ同じだが、医師の指示のもとで、理学療法士などによるリハビリを受ける。

【短期入所サービス】

1　短期入所生活介護・短期入所療養介護（ショートステイ）

短期間（最大30日未満）、特別養護老人ホーム、介護老人保健施設、介護療養型医療施設に入所、入浴・排泄・食事などの日常生活上のケア、機能訓練を受ける。

【地域密着型サービス】

1　認知症対応型通所介護

認知症の要介護者に、入浴・排泄・食事の提供など、日常生活上のケアと機能訓練を行なう。

2　認知症対応型共同生活保護（グループホーム）

認知症の要介護者が共同生活を営む住居で、入浴・排泄・食事の提供など、日常生活上のケアと機能訓練を行なう。

3　小規模多機能型居宅介護

通所を中心に、利用者の選択により、訪問や泊まりのサービスを組み合わせて提供する。

4　夜間対応型訪問介護

比較的安定した、認知症状態の要介護者が共同生活を営む住居で、入浴・排泄・食事などの介護、その他日常上のケアと機能訓練を行なう。

【その他のサービス】

1　介護洋品のレンタル

車いす、介護ベッド、歩行器など、要支援・要介護者の生活・機能訓練・自立を図るために必要な福祉用具をレンタルする。

2　介護用品の購入

ポータブル便器や入浴補助用具（入浴用いす、入浴台、浴槽用手すりなど）、移動用リフトのつり具などの購入を支援する。

3　住宅リフォーム

手すりの設置、段差の解消などの小規模住宅リフォームを行なう。上限20万円の支給限度額内なら、いくつかのリフォームを合せて利用できる（利用者はかかった費用の１割を支払う。20万円を超えた分は全額自己負担になる）。

◆「施設」に入居して受ける介護サービスの種類と利用法

「要介護１」以上の認定を受けると、介護保険で利用できる介護保険施設に入所できます。介護保険施設には、以下の３種類があります。

①　介護老人福祉施設（特別養護老人ホーム＝特養）
②　介護老人保健施設（＝老健）
③　介護療養型医療施設（＝療養病床）

05年10月から、施設介護における食費・部屋代など、いわゆるホテルコストを自己負担することになり、施設利用者が負担する費用はかなりアップしました。

施設利用者の負担額（厚生労働省提示の平均的な費用・月額）

・食費　4万2000円
・居住費　多床室（相部屋）　1万円
　　　　　従来型個室　3万5000円
　　　　　ユニット型準個室（壁の一部が隣室とつながっている）　5万円
　　　　　ユニット型個室　6万円

食費、居住費はあくまでも事業所と利用者の契約にもとづくことになっており、事業所（施設）によって、金額は異なります。

また、他に、要介護度に応じた介護保険の自己負担額、身の回りの品（シャンプー、石けんなど）、教養娯楽費、健康管理費、預かり金の管理費用、私物の洗濯代などの日常生活費もかかります。

療養病床は、上記の居住費以上のコストがかかるところが少なくないようです。

ただし、生活保護受給者や所得・収入が低い（住民税非課税家庭）場合は、居住費などの負担が軽減される制度があります。

家族にはある程度の収入がある。親は住民税非課税という場合なら、親を単独世帯にし（たとえば施設住所に住民票を移すなど）、軽減を受けることもできます。ケアマネージャーに相談してみるといいでしょう。

１　介護老人福祉施設（特養）

常時、介護が必要で、家庭での生活が困難な場合に入所。入浴・排泄・食事などの介護、その他、日常生活上のケアと機能訓練を受けます。

医師が配置されていたり、看護師が常駐しているが、比較的、状態が安定している人が対象となります。

１部屋４人以下の相部屋、個室などがあります。

06年４月から、複数の要介護者があらかじめ入所期間（３ヵ月以内）を定め、１部屋を計画的に利用する（ホームシェアリング）制度がスタート。すべての特養が施行しているわけではないので、地域包括支援センターなどか、直接、施設に尋ね、こうした利用法も検討してみるとよいでしょう。

施設によっては最後の看取りまで行なうところもありますが、病気になったり、衰弱が進むと、提携病院などに移り、病院で最期を迎えることが多いようです。

2　介護老人保健施設（老健）

病状が安定期にある要介護者が対象。リハビリを中心とする医療ケアを受けながら、生活する施設。あくまでも、家庭生活への復帰を目指すのが目的です。

したがって、入所期間は最大3ヵ月と決められています（3ヵ月経過しても自宅復帰がむずかしい場合には、契約を更新することもできる）。

06年4月から、機能回復効果がみられる利用者が一時的に自宅に戻り、在宅サービスを利用しながら自宅で暮らせるかどうか試す、試行的退所制度がスタートしました。1ヵ月6日が限度。この間は、施設が契約した事業者から在宅サービスが提供されます。

3　介護療養型医療施設（療養病床）

治療を終え、安定期に入っても、そのまま家庭生活に復帰するには不安がある、あるいは慢性疾患などで長期的な療養を必要とする要介護者が、医学的管理下における介護・看護・機能訓練・日常生活上のケアを受けることが目的です。

多くは医療施設に併設されています。

2011年度末までに、現在のベッド数を半数以下に減らすことが決まっています。

【介護保険サービス①】——自宅で介護する

在宅サービスを利用するときの心がまえ

在宅介護は家族とケアマネージャー、ホームヘルパー、デイサービスなどのチームプレイで展開していくことが多いもの。なにより必要なのは、なめらかな人間関係です。ケアマネージャーやヘルパーに対して、お金を払っているのだからというような一方的な態度、ヘルパーをお手伝いさんと混同するような態度をとれば、当然、人間関係にマイナスに働きます。

もちろん、それをそのまま介護に持ち込むことはないでしょうが、おたがいの気持ちは微妙に介護にも影響するものです。

「ケアマネージャーとじょうずに付き合うコツ」

ケアマネージャーは介護福祉士、ホームヘルパー、看護師、保健師、医師などの職種での一定の経験があることが必要になっています。できれば依頼の前に、そのケアマネージャーがもつ他の資格を知り、得意分野を確認しておくとよいでしょう。介護人の状態によって、たとえば医療系に明るいとか、人脈があるほうがよいようなら、看護師、医師などの経験のある人を選ぶという考え方もあります。

1　ケアマネージャーには、要望をはっきり伝える

ケアプランはあくまでも、要介護者の様子や介護人の状況など、それぞれの家の介護環境に合せて作成されたものでなければ意味がありません。

ケアマネージャーに「すべてお任せ」するのではなく、利用者サイドで、困っていること、親の生活歴や性格、どんなことを望んでいるのかなどをできるだけ正確に伝える姿勢が求められます。親の心身の状態、家族ができること・できないこと、したがって介護サービスでカバーしてほしいことをメモにまとめ、伝えるとよいでしょう。

こうしたやりとりに家族がそれぞれ口をはさむと、ケアマネージャーも混乱するばか

りです。そうしたことのないように、キーマン（介護の中心人物）を決めると進行がスムーズになりますし、実際にそう求められます。ケアプラン作成時までに、きょうだいなどで話し合い、誰がキーマンになるかを決めておきましょう。

また、利用する側が大まかな介護計画を立て、それを、実状に合わせて、あるいは、要介護度ごとにの限度額に合わせて調整してもらうというように積極的な関わりをもてば、よりよいケアプランができます。

2　ケアマネージャーは替えられる

ケアプランは毎月、立てます。もちろん、現状で問題がなければ、「継続」という形になりますが、事情が変われば、すぐに対応策を講じる必要もでてきます。こうして、ことあるたびに世話になるのがケアマネージャー。介護生活でもっとも関わりが深くなる人だといってよいでしょう。

したがって、フットワークがよく、親身になってくれる人であると同時に、介護を受ける側のキーマンとうまが合うことも大事な条件になります。

なんとなくうまくコミュニケーションできない、あるいは信頼関係を築けそうもないと感じたら、ケアマネージャーを替えることもできます。

ケアプラン――介護スケジュール例

（要介護２のケース）

	午前	午後
月	訪問介護（ホームヘルプ）	
火	通所サービス（デイサービス）	通所サービス（デイサービス）
水	訪問介護（ホームヘルプ）	
木	訪問介護（ホームヘルプ）	訪問看護
金	通所サービス（デイサービス）	通所サービス（デイサービス）
土	訪問介護（ホームヘルプ）	
日	訪問介護（ホームヘルプ）	

・短期入所生活介護（ショートステイ）……６カ月につき２週

・福祉用具貸与……車いす

ただし、時間を重ねて、おたがいの理解を深めていく姿勢も大切。少なくとも２～３ヵ月は様子を見守るとよいと思います。

3　ケアプランのチェック、変更の連絡などはこまめに行なう

ケアプランがあがってきたら、キーマンを中心に介護にあたる人や家族などがチェックします。１～２週間、プランどおりにやってみて不具合を感じたら、ケアマネージャーに連絡をとり、ケアプランの変更を依頼できます。

また、親が体調をくずして病

院に行く、入院する、あるいは事情が変わり、急にデイサービスや入浴サービスを休む、その日はヘルパー派遣がいらなくなったなどという変更が生じた場合は、できるだけ早く連絡します。

連絡はケアマネージャーを通してが原則ですが、派遣事業者などにダイレクトに行なってもよいでしょう。

「ヘルパーとじょうずに付き合うコツ」

1　ひとこと、感謝の気持ちを表す言葉をプラスする

ヘルパーやデイサービスの送迎スタッフなどには、「おはようございます」「お疲れさまでした」などの挨拶のほかに、「お世話になっています」「ありがとうございます」など、感謝の言葉も添えるようにしましょう。

「昨日はありがとうございました。お芝居の話をしたことを、母がとても喜んでいました」などと、具体的な感謝の言葉を伝えるといっそう深く、相手の心に届きます。

2　ヘルパーには、なにをしてほしいかを、具体的に伝える

ヘルパーには、介護のほか、掃除、買いもの、炊事など、日常生活のサポートも依頼できますが、時間制限があり、いっぺんに、あれもこれもと依頼しないこと。かといって「とにかく、よろしく」といわれても困るでしょう。

わが家では、家族の都合などを考え合わせ、ヘルパーにはその日、なにとなにをしてもらうか、ノートに書き出し、きちんと伝えるようにしていました。こうすれば、浴槽の掃除をお願いする日には、あらかじめ、短パンをもってくるなどの準備もできると喜ばれました。

炊事をしてもらうなら、台所のどこになにがあるのか、なべ・かま・炊事用具・調味料・食器などの収納場所をわかりやすく書いたものを、流し下の扉や冷蔵庫などに貼っておくと作業がスムーズになります。食材や調味料のストックがちゃんとあるか、などにも気を配りましょう。

親の好み（食べものの好き嫌い、味付けは甘めが好き、歯が悪いのでかなり柔かく煮込んでくださいなどと）も伝えておくようにしましょう。

3　ノートをつける

訪問介護はいつも同じヘルパーが担当するとはかぎりません。また、いつものヘルパーが都合でこられず、別のヘルパーがきてくれることもあります。

わが家では、ノートの1ページを2つに分け、上段には、その日、その時間にやってほしいことを、箇条書きに書いておきました。依頼ごとは2つか3つ。それ以上は、「できれば」とか「時間があったら」などと書き添えておきました。

下段には、簡単に、母の様子を書いてもらうようにしていました。トイレの回数、便が出たかどうか。なにをどのくらい食べたかなど（ヘルパーの余分な負担にならないように）、本当にごく簡単に、です。

看護師などが勤務交代のとき、前の担当者から次の担当者に、担当時間内の様子を要領よく伝えることを「申し送り」といいます。わが家の場合は、結果的にこのノートが「申し送りノート」の役割を果たし、非常にやりやすかったといってもらえました。

4　時に小さな心づかいを示すこともあってもよい

ヘルパーや訪問看護師などお世話になっている人に、なにかをあげることはNG。厳密にはお茶やお菓子を口にすることも控えるように、とされています。

しかし、実際はそう杓子定規でなくてもよいのでは？　これは、私の私見です。

母の場合は、認知症があったこともあり、「ヘルパーは（うちの人ではない、つまり）お客さまだ」という思い込みから、必ず、家族に「お茶とお菓子をお出しするように」とこだわるのです。そんな事情を話して、ケアマネージャーにも了解をもらい、まず、母と一緒にお茶とお菓子を食べてもらっていました。

これは、特殊事情だとしても、本当にときどきですが、ひとり暮らしのヘルパーさんが夕方4～6時の時間帯を担当してくれたという場合などに、近くのデパートで、多少、上等のお弁当を買ってきて、もって帰ってもらうこともありました。

ヘルパーの知人も、もらいもののおすそ分けなど、けっこう、小さなもらいものがあるといっています。

あげたほうが親切に世話をしてもらえるからということではなく、おたがい、事情がわかってくれれば、こうした小さなやりとりは人間関係のうちと考えてよいのでは、と思っています。

「デイサービスやショートステイを使いこなすコツ」

1　デイサービスに行くのを渋ったら、最初は一緒に行くのも一案

親のなかには、デイサービスをすすめられても、「そんなところ、行きたくない」という人も少なくないでしょう。私のまわりでも、積極的に行き出した、というケースはあまり聞いたことがありません。私の母など、デイサービス参加をすすめられてからもどうしても行こうとせず、本格的に通い出したのは、お話があってから1年以上も経過してからでした。

親の性格や年齢、それまでの生活歴にもよりますが、誰でも、不慣れなところに行くことにためらいを覚えるのは、自然な感情だと思います。

そんな場合は、初回だけでも家族が同行するのも１つの手です。できれば送迎のバスも一緒にのせてもらえるよう頼んでみましょう。

親がデイサービスや通所リハビリテーションを受けることになったら、事前に家族が出向き、実際の様子を見学してくればさらに理想的でしょう。

私の母は、積極的な性格ではなかったことに加えて、「年寄りばかりが集まり、幼稚園でやるようなことをするのはばかばかしい」という思いを強くもっていました。いろいろなレベルの状態の高齢者に合わせるためには仕方がないこととはいえ、たしかに、デイサービスのアクティビティのなかには、もう少し、レベルアップしてもよいのではないかと思えるプログラムも少なくありません。

そんなアクティビティですが、親が、自分がつくったものを持ち帰ったら、大いに関心を示すようにしましょう。母も少しひしゃげた眼鏡スタンドをつくってきたことがありました。

「いいじゃない？　今日から、これ、使ったら」と声をかけると、まんざらでもなさそう。こうして、この眼鏡入れは在宅介護中、ずっとベッドサイドに置かれ、活躍していました。

案ずるよりなんとやら。あれほどデイサービスを嫌っていた母も、2、3ヵ月もすると、そうイヤな顔はしなくなり、やがて、けっこう楽しみに通うようになってきました。まわりの人に聞いても、似たようなケースは少なくありません。

要は慣れることが必要なのです。慣れるまでの期間はまさに人それぞれですが、長くて半年、と見ておけばいいのではないでしょうか。

2　着て行くものには、こんな配慮を

人にもよりけりでしょうが、母の場合は、おしゃれであったことが、デイサービスへの抵抗感をなくすきっかけになったようでした。

前日になると、「明日はこれ、着ていきましょうね」などと服を見せ、マニキュアを塗

ったり、指輪やアクセサリーなども、母自身に選ばせたりしたのです。といっても、本物の指輪などは避け、私はスーパーの前などに１０００円均一のアクセサリー屋が出ていると、よく指輪やネックレスを求めるようにしていました。これなら、なくしても落としてもそう気にならないからです。デイサービスの担当者にも、その旨、話しておきました。

母の髪は真っ白でしたが、かなり明るいブロンド風に染め（要介護状態になってからは、ヘアカラー、カットもずっと私が見よう見まねでやっていました）、なかなかおしゃれなおばあさんの出来上がり！

「今日ね、爪がきれいだってほめられた」などとよくいっていたもの。「すずめ、百まで踊り忘れず」。女はいくつになっても……という言葉を思い出したりしたものです。

資生堂が、四国の特別養護老人ホームの高齢者にメイクアップをしたところ、しなかったグループとくらべて、あきらかに認知症症状の軽減が見られたという研究発表があります。母親ならばメイクアップ、父親なら髪形や明るく若々しい服を用意してあげるなども、子どもができる配慮の１つではないでしょうか。

入浴やリハビリサービスを受けるなら、着脱のしやすい服装をして行くようにしましょう。

3 迎えの時間までに準備を整えておくこと。帰宅時間には遅れずに帰宅する

デイサービスの送迎は小型バスで循環しています。迎えの時間が近づいたら、準備を整え、いつでも出かけられるようにしておくこともマナーのうちです。1軒が遅れれば、順送りで遅れ、後《あと》のご家族に迷惑をかけるばかりでなく、その日のプランにも影響を与えてしまいます。

時間厳守は、帰宅時間も同様です。施設によっては、日によって、巡回コースを変えているところもあり、前回は5時過ぎに帰ってきたのに、今日は4時少し過ぎたころ帰ってきた、というようなことはよくあります。朝、見送りのとき、だいたいの帰宅時間を聞いておくこと。その間、外出するなら、少し早めに帰るように心がけましょう。

仕事の都合などで、万一、遅れるような場合は、早めに、施設と連絡をとるようにします。

ひとり暮らしの親、あるいは高齢夫婦だけで暮らしている場合なら、子どもは前日、あるいは当日の朝、電話を入れるなどして、準備を早めにすませておくように、言葉をかけるなどの配慮をするとよいでしょう。

4　ショートステイは、施設介護を受けるかどうかの参考にもなる

在宅介護を始めて半年ぐらいしたところで、ケアマネージャーから、特養でキャンセルが出たため、急にショートステイの空きができたと連絡をもらった。これが、わが家の、初めての施設介護経験でした。

3泊4日という短い期間でしたが、在宅介護のキーマンの私（夕食後から朝食前までの介護を毎日、担当しており、日中は仕事、とかなり疲労がたまっていました。母に頻尿症状があるため、満足に睡眠をとることができない日々がつづいていたのです）を見かね、「一度、ショートステイを使ってみては」と声をかけてくれたのです。

正直にいえば、この段階では、私の頭の中にも、ショートステイ利用という発想はなかったのですが、せっかくのお話なので体験してみることにしました。

3泊4日といっても、入所日、退所日は送迎サービスに家族も付き添い、介護から解放されたとはいえず、間の2日間も、母の様子が気になり、結局、私は毎日、通ってしまいました。でも、この体験が後の施設介護利用の〝カベ〟を開いてくれたのですから、大いに意義はありました。

5　申込みは早め早めに

この特養の利用体験をきっかけに、老人保健施設のショートステイを積極的に利用するようになりました。

最初は、ショートステイに行くと説明しただけで、顔をこわばらせ、モノもいわなくなるなど、抵抗を示していた母ですが、きょうだいで、「家で面倒をみるのは大変。だから、私たちをちょっと休ませてほしい」と本当のことを一生懸命伝えました。

認知症も進み、理解力も落ちてきていた母でしたが、「わかった?」ときくと、大きくうなづいてくれました。

認知症の度合いにもよるでしょうが、黙ってつれて行っておいてきてしまう。あるいは「ちょっと行くだけだから」などとだますようなことはやめるべきではないか。私はそう考えています。衰えたといっても、それなりに理解力は残っていることが多いもの。こちらも本気でぶつかれば、親もちゃんとわかってくれるのではないでしょうか。

母のショートステイは最長でも1週間程度でした。母が入所した老人保健施設は送迎サービスはなし。わが家では、弟がワゴン車で送迎したり、福祉公社の車いす送迎サービスなどを利用しました。

利用期間中はなるべく顔を出さないようにしていました。家族の顔を見ると、迎えにきてくれたのかと思うらしく、別れ際がおたがいにつらくなるのです。また、この間に家族がきちんと休養をとらなければ、ショートステイを利用している意味がありません。

在宅介護をつづけるなら、介護家族の心身の健康をどう維持するかは、ある意味で最大の課題です。介護家族が介護から解放され、休養をとるためにも、ショートステイを積極的に利用することをおすすめします。

実は、私のまわりで見るかぎり、ショートステイを利用し、介護家族が休養をとることを実行している人はまだ少数派です。そんなにがんばらなくてもいいのに、と声をかけたくなってしまうほどです。

ただし、ショートステイの利用もかなり狭い門であることは事実。老人保健施設の申込みはたいてい３ヵ月前から。わが家の場合、希望どおりに入所がかなう可能性は20〜30％ぐらいの確率で、結果的に、３ヵ月に１週間前後、利用できる、というところでした。

どこでも似たような状況でしょうから、早め早めに申込みをすることが大事です。

6 民間の介護施設のショートステイも視野に入れておく

都市部ではとくに、公的施設はショートステイでもなかなか空きがありません。

介護家族が病気になった、冠婚葬祭でどうしても家を空けなければならない……。こんな場合に備えて、近隣の民間の介護施設のショートステイ情報もたしかめておくようにしましょう。

民間の施設は、もちろん、施設によりますが、1泊2〜3万円ぐらいのコストが必要であるところが多いようです。

パンフレットなどをもらいに行ったときに、内部の様子を見学し、だいたいの様子を把握しておくようにしましょう。

【介護保険サービス②】――施設で介護する

在宅介護・施設入所のメリット・デメリットを知っておく

第1章で、現在のシニア世代の多くは、自分が要介護状態になったら、「介護はプロの手で」と望んでいることをご紹介しました。

同じターゲットに、介護施設の入居について聞いてみると、男女とも半数以上が、介護施設に入所することを「選択肢」として考えられると答えています。

しかし、現状では、まだ、親を施設に入所させることには誰もが積極的だというわけではありません。

母を、療養病床に預けていることを知ると、声を高めて、「うちは最後まで家で面倒をみることにしているわ」とか、「施設に入所させるなんて、夫が絶対に認めない」などと、まだまだ、施設に入所させる子どもは冷たい、最後まで在宅介護を選択するほうがやさしく、手厚く介護でき、親孝行だといわんばかりのリアクションが返ってくることは少なくありませんでした。

でも、一概にそうともいえないのでは、と私は思っています。なんといっても、24時間、プロの手と目を確保できる。この安心感は大きいものです。親も新たな環境に慣れるにしたがって、プロの行き届いた気配りややさしい声かけがある施設を心地よい環境だと受け入れていくことも少なくないのです。

つまり、在宅介護、施設介護、それぞれにメリット、デメリットがあるということです。


「在宅介護のメリット」

・親が慣れ親しんだ環境で暮らしつづけることができる。
・親をよく知っている家族ならではの見守りや介護ができる。
・費用が低くすむことが多い。
・介護を通じて、家族が人間的に成長することを期待できる。

「在宅介護のデメリット」

・在宅では、適切な介護ができにくいことがある。
・24時間、誰かが見守り、介護をしつづけなければならないことがあり、心身ともに消耗しやすい。
・家族関係にきしみが生じることがある。
・家族自身の生活や子どもの教育などが行き届かなくなる可能性がある。
・家で行き届いた介護をしようとすれば、それなりにコストもかかる。

「施設入所のメリット」

・24時間の見守り、必要な介護などが受けられる。
・プロの介護人の技術により、問題行動が軽減する場合がある。
・他の居住者との新しい人間関係が生まれる。
・施設ならではのアクティビティやリクリエーションにより、利用者自身が日々を楽しめるようになる。
・家族に精神的なゆとりが生まれ、家族にしかできない愛情を注ぐことができる。

「施設入所のデメリット」

・場所や環境が変わり、親が混乱したり、気分が落ち着かないことがある。
・食事やライフスタイルなど、必ずしも親に合わせた生活ができるわけではないことがある。
・他の入居者とうまくいかない場合がある。
・施設のアクティビティ、リクリエーションなどがかえって親の精神的負担になることもある。
・コストがかかる。

頭から在宅がベストだとか、施設入所以外に考えられないなどと1つの方向性に決めつけてしまわず、以上のメリット、デメリットを十分検討する姿勢をもつべきではないでしょうか。それだけ、介護の可能性が広がるはずです。

長い待機期間があることも考えに入れる

さらに、親がどんな状態であるか、きょうだいなど、介護に参加してくれる家族をどこまで確保できるかどうかも、介護体制に大きく関係してきます。

なにしろ、介護期間は相当に長く、60％近くが3年以上、介護をつづけているのが実状。けっして、10年近くつづくことも珍しいことではないのです。その間に、家族も年

施設の種類と平均的な負担額

	施設数	利用者数	施設費用の平均（月）	住居費（月）	食費（月）
特別養護老人ホーム	5535ヵ所	39万人	6万1429円	約1～6万円	約4万2000円
老人保健施設	3278ヵ所	30万人	8万3529円		
介護療養型医療施設	3400ヵ所	11万人	11万8125円		
グループホーム	7084ヵ所	7万人	12万4285円		

齢を重ねていきます。

たとえ、心情的に在宅介護をつづけたいと思ったとしても、その思いだけで、長期にわたる在宅介護をのりきることはできないことが多いのです。

わが家の4人きょうだいにもずいぶん温度差がありました。

姉は、自分自身、脳血管疾患の後遺症をかかえている身でありながら、「老人ホームに入れるなんてかわいそう。私が体を張って面倒みる。夫も協力するといっているから」などと口にします。2人の弟のうち、1人は「自宅に引き取り、S子（妻）に仕事をやめさせ、面倒をみさせる」といい切ります。

どちらも感情論で、現実性は乏しい。これが私の見方でした。

結局、かなり初期から、最終的には施設入所も考えるというスタンスをとっていたのは、私と上の弟でした。

ちなみに、この弟は放送局勤務で、社会部畑の報道マン。厚生労働省詰めの記者をしていたこともあり、介護問題に関しても門外漢というわけではありませんでした。そして、私も、かなり以前から日本中を駆けめぐり、介護施設や高齢者福祉施設などを取材するという仕事に関わってきました。

つまり、高齢者介護の現実を多少でも知っている立場の人間には、介護生活は想像以上に長い。その間に、親はだんだん機能低下していく。そして、介護にあたる家族も年をとる、病気になるなどの変化が起こる。誰も彼もが、最後まで在宅介護でのりきれるとはかぎらないことは、明らかに見えているということです。

介護保険の導入後、公的施設はほとんど、多数の待機者がある、つまり、申込んですぐには入所できません。

公的施設を希望するなら、親が「要介護2」とか「要介護3」といった認定を受けたら、施設入所も将来の可能性の1つに考え、いくつかの施設に入所申込みをすませておくことをおすすめします（介護保険の施設介護は「要介護1」以上の認定であれば利用できます。グループホームは、「要介護2」以上の認定が申込み条件となっています）。

施設には申し訳ないことですが、実際に入所可能になったときに、再度、熟考すればよいと考えることもできます。

なかには、施設を見学することが申込みの条件になっているところもあり、私も、在宅介護と仕事に追われながらも、いくつもの施設に足を運びました。

結果をご報告すれば、母が住む市区町村が市内にもつ４ヵ所の特別養護老人ホームは、申込みから5年経ってもウエイティング中。２、３年待つうちに、この市がベッドを確保している、かなり遠くにあるいくつかの特養からは、入所可能という連絡がありました。しかし、片道2時間以上かかるようでは、家族がしばしば出向けません。わが家では、それを理由に、遠い特養への入所は見合わせました。

母の状態変化は著しく、在宅介護ではむずかしくなり、自宅近くの病院の療養病床に入院することを選んだことは前にも述べました。自宅からは片道10分足らず。きょうだいの誰かがほぼ毎日、足を運ぶことができ、ほぼ理想的な施設に入所できたと思っています。

ただし、それなりのコスト負担はありました。

Eさんは72歳。90歳になる「要介護４」の夫の義姉を77歳のご主人との老老介護中。在宅介護にこだわりつづけ、ケアマネージャーも〝要注意〟ケースとして見守るような危なっかしい暮らしをつづけています。最近、ご主人が体調をくずし、入院することになり、それをきっかけに、施設介護を検討しはじめたのですが、やはりというべきか、受け皿はなかなか見つかりません。民間の介護付老人ホームでも、右から左に、空きがある場合は少ないのです。

「だいいち、うちには、それだけの経済力もないわ」と彼女。民間の施設は1日2〜3万円前後はかかるところがほとんどと、ショートステイでも、かなりのコストが必要です。

早くから、施設に申込みをしておいたら、どうにかなっただろうという保証はありませんが、公的施設を視野に入れておくべきだったと思います。

Eさんのように、施設入所を頭から否定し、申込みをしないまま年月が経過するうちに、親の状態が重度化してしまったということも多く、そのときになってあわてて入所申込みをしてもすぐには入所はできないのです。そうした施設介護の現実を知っておくべきだと思います。

介護施設の申込みは利用者サイドで行なう

在宅介護の場合は、ホームヘルパー派遣、デイサービスなどの申込みはケアマネージャーが、利用者と相談しながら進めてくれます。しかし、介護施設の申込みはあくまでも利用者や家族などが行なうことになっています。

利用期間がおよそ３ヵ月と定められている老健を利用する場合は、年中、老健の申込みに追われており、これが介護家族の大きな負担になっています。

申込みの具体的な手順は以下です。

① 利用者が住む市区町村の介護保険課に行き、施設のリストを手に入れる

利用する施設は、必ずしも利用者の住む市区町村内でなくてもよいとされています。しかし、実際、私が隣接の市区町村、あるいはきょうだいが住む市区町村の施設に問い合わせたところ、「他市区町村の方も申込みはできますが、地域の利用者が優先されます」という答えがほとんどでした。

地域の利用者だけでも長い待機者リストができている現状です。他地域の施設利用は、現実的にはむずかしいと考えておいたほうがよいでしょう。

② 施設に連絡し、申込み用紙を送ってもらう

ほとんどの施設は申込み用紙を郵送してくれます。なかには、かかりつけ医の診断書が必要である場合もあります。

必要な書類一式がそろったら、申込みします。郵送で受け付けてくれる施設もあれば、施設に足を運び、施設内を見学したり、施設の担当者と面談することが申込みの条件になっているところもあります。

③ 介護環境を簡潔に話す

特養は長いこと待たなければ入所できないことは、ほぼ全国的に見られる現実です。そうした事情を考慮し、これまでは申込み順でしたが、03年ごろから、利用者の介護事情により、優先入所を行なうようになっています。

必要度の高い人とは、次のような人をいいます。

・要介護度の高い人
・認知症による行動障害のある人
・介護者がいない人
・介護者が高齢、あるいは未成年である人

・介護者に障害がある人
・介護者が両親など、複数の介護をしている人
・住宅がなかったり、立ち退きをせまられている人

以上のような状況を考え合わせ、施設ごとに必要度の評価が行なわれ、優先順位が決定されます。

面談のおり、利用者の家族の状況、経済的な事情などを話しておくとよいでしょう。ただし、たいていの家族は、親の介護では困惑し、苦労しているもの。「このままでは共倒れになってしまう」などと感情的に訴えるのは大人気ないものです。できるだけ冷静に、そして、どんな点に困っているのかを簡潔に話すのがマナーだと思います。

④　ときどき、コンタクトをとる

申込んだままにしないで、ときどき、「その後、どうなっているか」を尋ねてみるとよいでしょう。施設側からも、１～２年に一度、申込みを継続するかどうかの問い合わせがあります。

有料老人ホームも視野に入れる

老後は有料老人ホームで過ごすという選択が当たり前になる？

要介護状態になっても、子どもには苦労をかけたくない。介護はプロの手に任せたいという人が増えています。シニアコミュニケーションの調査によれば、要介護状態になることで生じる最大の問題は、「家族に迷惑がかかること」。60代の男女とも、この回答が50%を超えています。

とはいっても、公的施設に入るのは待機者が多く、実際問題としては相当むずかしい……。

こうした事情を反映して、最近は、民間の介護付有料老人ホームへの入所を考える人も増えてきました。

次の表は、介護付有料老人ホームを「終の住処」として選択できるかどうかを尋ねた結果です。

有料老人ホームを利用する

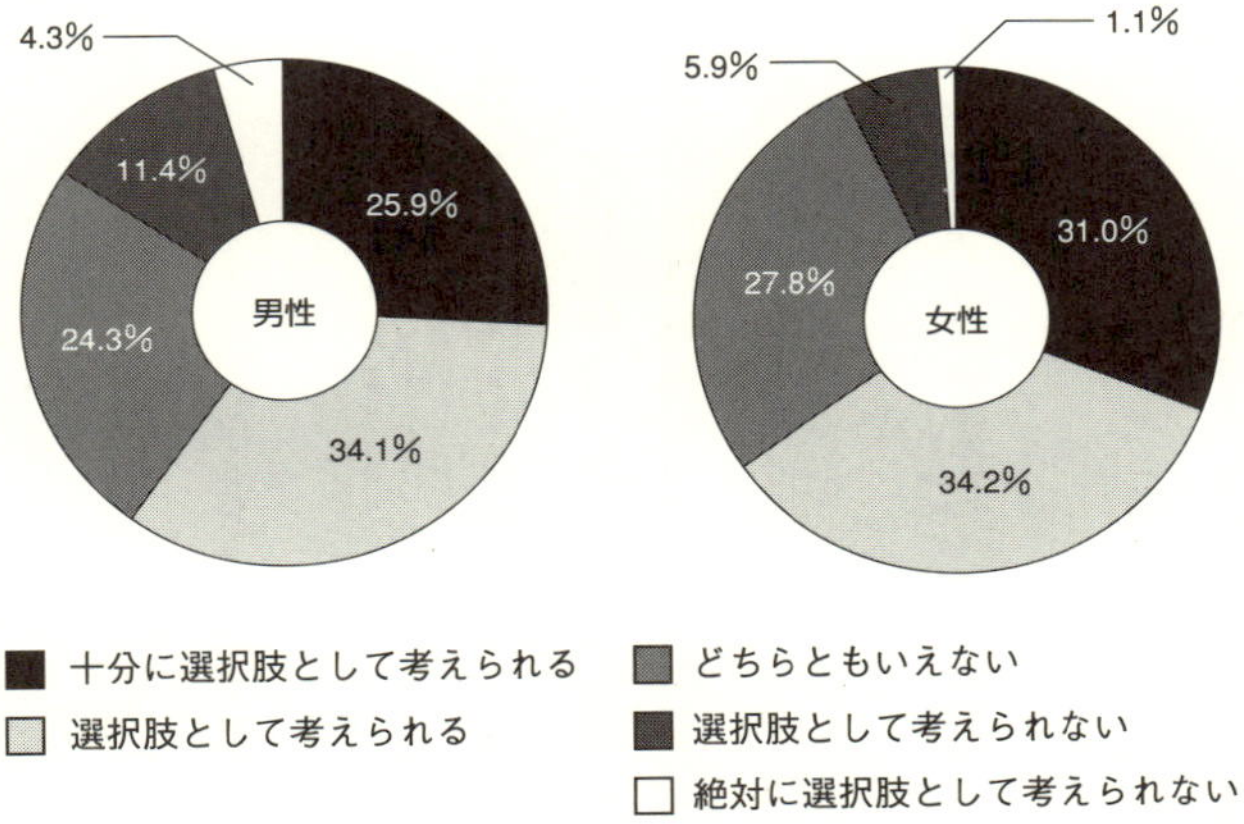

資料：シニアコミュニケーション（2006年）

有料老人ホームは「介護付」「住宅型」「健康型」の3種に分かれます。このうち、「介護付」と称することができるのは、介護保険が使える「特定施設」の指定を受けたところだけです。

入所時は元気であっても、要介護になったときもそのまま住みつづけ、介護を受けることができるところを望んでいるなら、「介護付有料老人ホーム」を選ぶべきです。介護付有料老人ホームならば、介護費用は介護保険でまかない、自己負担はその1割ですみます。以下は、原則として、介護付有料老人ホームに関して話を進めます。

介護保険制度の導入で急増し、現在、

全国で2400ヵ所以上に増えてきた有料老人ホームのほとんどは「介護付」ですが、なかには、うたい文句どおりの生活や介護が行なわれないなど、トラブルを起こす施設も増えています。

そうしたことから、06年4月の介護保険の改正にともない、介護付有料老人ホームは「介護専用型特定施設」と「それ以外」の2つに区分されることになりました。前者は要介護者のみが対象です。しかし、これまでの経緯から、現在、もっとも多いのは、自立～要介護を受け入れる「それ以外」の有料老人ホームです。

それぞれに規制強化、情報開示を進めるなどの対策も講じられました。

こうした方向性からも、今後、有料老人ホームは介護政策のなかでさらに大きな位置づけを占めると考えられていることがわかります。

有料老人ホームはどうやって探せばいいのか?

まず、入所する人の考え方を整理します。できるだけ家族の近くがいいのか。気候や環境のよいところがいいのか。都市部がいいのか。およその方向性が決まったら、パンフレットを取り寄せます。都道府県など、自治体にはほとんど、有料老人ホームに関する窓口が設けられています。

「全国有料老人ホーム協会」など関連の団体に問い合わせれば、適当な施設を教えてくれます。「全国有料老人ホーム協会」は加盟施設で組織されている団体で、これに加盟している有料老人ホームがお墨付きだと意味しているわけではありません。

有料老人ホームの紹介事業者もたくさんあります。

・全国有料老人ホーム協会（入居相談室）　０３（３５４８）１０７７
・日本有料老人ホーム紹介センター　０１２０（５５９）１６５
・有料老人ホームあんしん相談室　０１２０（３７１）６５２
・民間介護施設紹介センター　０１２０（５８５）４３２
・シニアライフ情報センター　０３（５３５０）８４９１　など

インターネット検索をしても、多数見つかります。情報提供機関のなかには、契約しているホームしか紹介しないところもあるなど、必ずしも、利用者の立場で相談に応じてくれるところばかりとはかぎらないことも知っておきましょう。

こうしたところからは、情報の入手に止め、実際の有料老人ホーム選びはあくまでも、自分の判断で進めるようにすることが大事です。

インターネットでは、たくさんの施設のホームページも見ることができます。新聞・雑誌広告など、メディアも重要な情報源です。

電話をかけ、知りたいことを確認する

これと思う有料老人ホームがあったら、まず、電話・メールなどで、自分が知りたいことについて、具体的に尋ねてみましょう。

① どの程度の要介護度まで引き受けてもらえるか

施設によっては、重度の要介護者や問題行動のある認知症者を、事実上、受け入れていないところもあります。

② 1ヵ月の費用に含まれるものはなんなのか

パンフレットに記してある費用は、○○○円〜という表記が多いように、たいていは最低金額であることが多いものです。要介護度に応じて、あるいは、外出の付き添いごとにいくら、のようにサービスごとにコストが加算されるという料金設定をしているところもあります。

③　実際にどのくらいの費用を見込めばいいのか

だいたい、毎月このくらいですね、といった大まかな答えではなく、食費、管理費、介護費用、個別のサービス費などを具体的に、また、親の状態を伝え、親の場合はいくらになるのか、できるだけ具体的な数字を試算してもらうようにします。

④　現在、空きはあるのか

ない場合は、待機期間はどのくらいと見込めばいいのか。他に、気になること、知りたいことはなんでも率直に尋ね、この段階で、実際に訪ねて、見学したほうがよいかどうかの判断をつけます。

終身利用権について、正しい情報と認識を得ておく

有料老人ホームのなかには、入所に際して、何千万円というような膨大なお金がかかるところも珍しくありません。04年の厚生労働省の調査では、入所金の平均は1155万円に達しています。

この入所金は所有権ではなく、あくまでも、利用者の終身利用権です。入所の翌月に亡くなったとしても、利用権は消滅し、相続はできません。途中で事情が変わり、退所

した場合も同様です。

入所一時金には、初期償却、償却機関、退去時の返還額などが詳細に決められています。寿割引などといって、超高齢者の場合、入所金が減額される制度がある施設もあります。

これらの金額を確かめるときには、○○%というような説明だけでわかったようにならないこと。けっして小さな金額ではないのですから、具体的なケースをあげて、それぞれの場合、入所金が戻ってくるのか、どうか。戻ってくるなら、1年で退去したらいくら、2年で退去したらいくら、と実際に数字を出してもらうとよいでしょう。

一般的に、入所金の15~20%は、入所期間がどんなに短くても戻ってきません。また、親が要介護である場合の償却期間は48~60ヵ月ぐらいのところが多いもの。つまり、要介護の親を入所させた場合は、4~5年で、何千万円かの入所金は戻ってこないケースが多いのです。

もっともバブル崩壊後は、そして、介護付有料老人ホームのニーズが高まり、すそ野も広がってきたことから、最近では入所金ゼロという施設も出てきています。こうした施設はバブル崩壊により、企業が手放した保養所、独身寮などの建物を再利用するなどハード面では妥協しなければならないところが多いようです。

いわゆるクーリングオフ制度も認められており、入居後、どうしても退居したいという場合、90日以内なら、入居一時金は全額返還されます。また、万一、施設が経営破綻した場合は、入居金のうちから５００万円までの返還は保証されています。

とにかく見て歩く。いくつか見るうちに目が磨かれていく

いくつかに候補を絞り込んだら、次は実際に、ホームを見て歩きましょう。親を入所させるなら、実際ホームを見て、１つか２つ、ここはと思うところに絞り込み、できれば、次は、親本人も一緒に行くことも考えましょう。

ホームの見学は事前にアポをとりますが、できるだけ、入所者が活動している時間帯を選ぶと、ホーム内の活動状況、スタッフがどのように関わっているか、などをよく観察できます。たとえば、午後の早い時間は高齢の入所者は昼寝していることが多く、スタッフも遅めの昼食をとっているなど、あまりよい時間帯とはいえません。

見学に行ったときに、よく確認すべきは、医療のバックアップ体制です。「医療機関と提携しています」とか「夜間は、提携医療機関による看護が行なわれています」というような説明をうのみにするのではなく、緊急時にはどうしているのか、といった具体的

な質問をして、実際の医療体制をチェックしましょう。

ホーム見学は必ず複数、行なうこと。いくつかのホームを見ているうちに、しだいに目が磨かれます。

私は、全国の１００近い介護施設（公的施設も含めて）を見て歩いた経験があります。最初は取材で、後には、親の入所を検討するために、でした。

それだけ体験していても、最初はどうしても、施設のハード（設備など）に目が行きがちでした。ハードのチェックはもちろん重要なポイントですが、最終的には、案内にあたる人の受け答えなどを通して、なんとなくですが、施設の誠意を感じ取ることができるようになってきました。入居後は、これが大きなポイントになります。

また、私物はどこまで持ち込み可能かも確認します。できるだけそれまでの生活環境の雰囲気を保つために、愛用の家具などを持ち込めるかどうかも確めておきましょう。

ホーム訪問時はチェックリスト（①立地の環境は？　②居室の日照条件は？　③トイレの位置・数は？　④ラウンジなど共用部分の設備は？　⑤医療的なバックアップ制度は？　など）をつくっておけば、見落としを防げます。

予算の80％程度の枠組みのところを選ぶ

有料老人ホームでは、入所の際にかなりの一時金を支払う方式のところが多く、その金額は数百万～1億円以上とさまざまです。月々の経費も食事代、介護費用も含めると毎月、20数万円以上かかるところが少なくありません。

たしかに、費用の高いところはすばらしく、できれば、そうしたところに親を入れたい。誰しもそう思うでしょう。しかし、ない袖は触れない。これも厳しい現実です。

そうした思いから、つい、ギリギリ背伸びして、「このくらいならなんとか、がんばって……」と考えがちですが、これでは、大きな負担になってきてしまいます。

私の母は、公的施設の一環である療養病床に入所していましたが、5年の間に制度改正もあり、自己負担金はかなりアップしました。介護が長期にわたるとコストも当初の試算どおりにはいかない場合もあるということです。さらに、衣類、身の回りのものなど、施設に支払うお金以外にもさまざまな経費がかかります。

そうしたことを含め、ホームに支払う必要コストは、経済的なキャパシティの80％ぐらいを目処に、つまり、老人ホームも「腹8分」を目安に選ぶとよいと思います。

親の老後は想像以上に長いのです。「なんとかギリギリがんばる」という負担を数年、あるいはそれ以上、つづけていくことはできないものだと考えましょう。

必ず、体験入所すること!

ほとんどの有料老人ホームには1、2泊の「体験入所」制度があります。実際にホームに泊まり、食事や入浴などを体験し、さらにはアクティビティなども見ることができます。

ゲスト用の居室ばかりでなく、実際の入所者の居室を見せてもらったり、入所者の心身状態にもよりますが、実際に暮らしている人たちから話を聞く機会も得られる可能性もあります。ホーム見学のときには、プライバシーの問題もあり、実際に利用している居室は見せてもらえないことが多いはずです。

図書室、談話室、娯楽室、集会場、健康増進室など、施設内を見てまわり、実際に利用いている光景もチェックするとよいでしょう。

施設によっては、体験入所の日を決めており、その日の食事は多少豪華にするというところもあると聞きます。ふだんのメニューをほしいと願い出たり、入所者の声を聞くことも大事です。

第3章　親の老後、意外と多いお金のトラブル

老後はお金がかからない？

高齢者の半数以上は「生活にゆとりがある」といっているが

生きているかぎりお金がかかる。これが厳しい現実です。

親が定年退職をするころは子どもも30代に入り、家庭をもち、子どもも生まれ、自分の生活を支えることでせいいっぱい、というケースが多いのではないでしょうか。

最近の超高齢親とその子どもなら、子どもは定年退職前後とまさに自分も老後問題と向き合わなければならない年代。老後のダブルはなかなかしんどいものです。

そんな事情を反映するかのように、日本では、「老後の生活」の生活費は「働けるうちに準備し、家族や公的な援助には頼らないようにする」という人がほぼ半数の47・6％。国際的に見ても、アメリカの48・4％とほぼ同じくらいの割合です。

韓国では36・5％、ドイツでは34・9％、フランスでは32・8％と、ヨーロッパではその率はさらに下がります。だからといって、子どもに頼るのではなく、かわって増大

高齢者世帯における生活意識

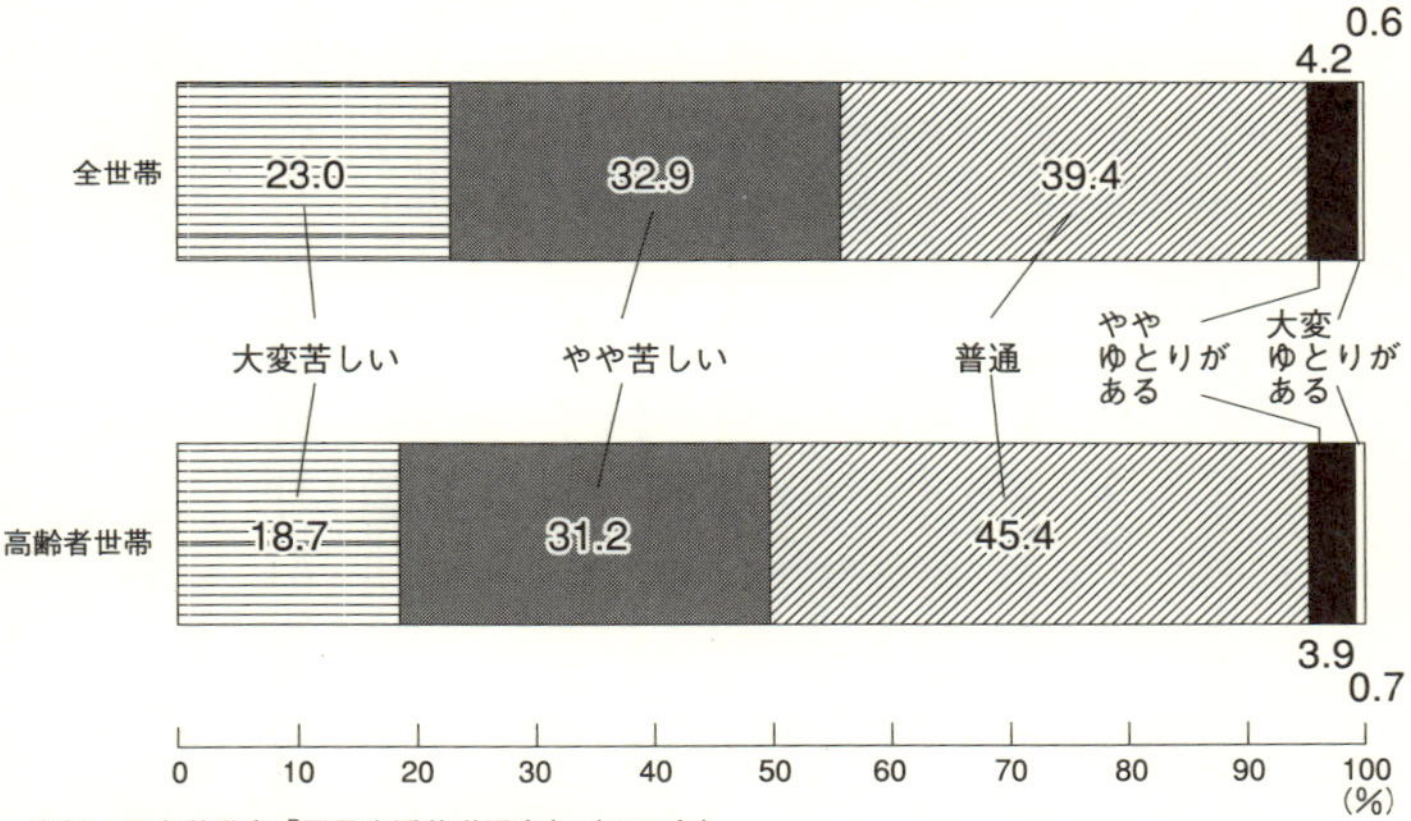

資料：厚生労働省「国民生活基礎調査」（2004年）
（注）高齢者世帯とは65歳以上の者のみで構成するか、又はこれに18歳未満の未婚の者が加わった世帯をいう。

するのは「社会保障など公的な援助によってまかなわれるべき」。「家族が面倒をみるべき」は、日本は6・9%、アメリカ4・2%、韓国11・5%、ドイツ5・7%、フランス3・7%。

つまり、世界的に見て、すでに、親の暮らしを子どもが支えるという構図はかぎりなく減ってきているということです。

では、親の経済状態はどうなのでしょうか。

上のデータのように、高齢者の生活実感は、「苦しい」と感じている人と「ふつう」がほぼ半数ずつ。「ややゆとりがある」は4%弱、「大変ゆとりがある」は0・7%、とごくわずかです。

もっとも、全世帯の生活意識とくらべ

ても、その割合はそう大きな違いはありません。ただし、全世帯のほうが「大変苦しい」と答えた人が5％も多く、子どもの教育費負担や住宅ローンなどから解放された老後のほうが、多少はまし、というところかもしれません。

高齢者世帯の年間所得は03年平均で290・9万円、世帯人員1人あたりの収入は年間184・6万円。全世帯平均の1人あたり収入は203・4万円で、これもそう大きな差は見られません。

高齢者世帯の収入源は「公的年金・恩給」が70％強。他に、仕事から、財産所得などとなっています。

しかし、家計の状況はなかなか厳しく、世帯主が65歳以上、無職の世帯では月額収入は16万9000円ほど。一方、支出は20万5000円近くで、月々3万5000円ほどの赤字です。不足分は「貯蓄を取りくずしてまかなう」が21・8％、「子どもと同居したり、子どもに助けてもらう」が36・6％。「子どもに助けてもらう」が5年前より10％も増えているのが気になります。

老後の厳しさはしだいに増しており、「子どもには頼らない」といっていた親もついにはそういってはいられなくなった、という現実があることを物語っているように思えます。

この数字からいえば、高齢者世帯では、「大変苦しい」がもっと高率であるはずではないか、と思えてきます。無記名の統計調査とはいえ、あらためて「生活実感は？」と聞かれると、「まあ、こんなものか」と思い、「ふつう」だとか、かなり手元が苦しくても、「やや苦しい」などと回答してしまうのかもしれません。

親の「まあ、なんとかやっているよ」のかげにある実状を察する

格差時代です。ひとくちに子ども世代といっても、富裕層に属する人もいれば、ワーキングプアと自嘲したくなるほど、「働けど、働けど……」と歎きたくなる人もいるでしょう。そして、社会は上に薄く、下に厚くが常。自分や家族の暮らしを維持するのがやっと、という人が大多数。これが現実でしょう。

多くの人にとって、親孝行したい気持ちはないわけではないけれど、「ない袖は振れない」。あるいは、できることなら「振らず」にすませ、その分、子どもの塾代にでも当てたい、というようなところではないでしょうか。

わが家のきょうだいはそろって、ふつうのサラリーマン。生活に困るほどではないけれど、親に使うお金があれば、それを自分の子どものために使いたい。そんな家庭ばか

りでした。

親もそうした事情を知っていますから、子どもに甘える姿勢はまったくありませんでした。

父が生きているころは、むしろ、子どものほうがどこかで親を頼る、そんな傾向さえあったと思います。

でも、父が亡くなり、相続税の支払いのために預貯金は大幅に細ってしまいました。といっても特別な財産があったわけではありません。それまで両親で住んでいた小さな家に、残された妻が住みつづけたかっただけなのです。バブル沸騰期、東京郊外の小さな宅地にも途方もない値がつき、相続税もバカにならない額でした。

税金は現金で納めなければなりません。そこで大きな現金が必要になり、母の老後を支えるべき預貯金は大きく目減りしてしまったというわけです（相続税は、資産の半分までは配偶者に課税はありません。うちも名義上は、子どもが残り半分を均等に相続したのですが、その分の相続税を、親の蓄えをくずして支払ったわけです）。

母の収入は国民年金が月々数万円のみ。さいわい、多少の不動産所得があり、年金と合わせればごく平均的な暮らしは維持できるだけの収入は確保できていました。

それでも、母は「うちは貧乏になっちゃった……」とか「お金がない……」などと年中、口にするようになってしまいました。でも、子どもらは、母がそういい出すと、「そんなことないんじゃない？」などと話をさえぎり、話を十分聞いてやろうとはしませんでした。

聞いたところでどうしてやれるわけでなしという気持ちもあれば、「じゃあ、これ、お小遣い」とお金を差し出せば、「まあ、大丈夫。なんとかなるから」とけっして受け取ろうとしなかったのです。

後に寝たきりになり、認知症も進み、なにもわからなくなり、結果的にお金の悩みからも解放されましたが、そんな母の寝顔を見るたびに、「なぜ、もう少し、親身になって話を聞いてやろうとしなかったのだろう」という後悔がこみあげてきたものです。

でも、時間に追われる生活をしている身には、客観的にはまあふつうに暮らせるはずなのに、経済的な不安を訴える親にうんざりしていた、というのが偽らざるところでした。

よほど余裕のある人は別として、大部分の親は老後の経済に関して不安を抱いているはずです。人間、生きているかぎり、お金が必要です。しかも、老後は病気や要介護になるなど、経済的に大きな負担が生じる可能性も大きいのです。その上、寿命は人によりさまざま。あと何年分のお金を確保しておけばよいのか、見当がつかない……。不安の最大の原因はそこにあるわけです。

それなのに、年寄りはグチっぽい。お金のことばかり気にしていると耳を貸そうともしなかったのは、あまりにやさしさに欠けていました。

自分にできなかったことを口にする資格はありませんが、親がお金の不安を口にしたら、せめて聞き役ぐらいにはなってあげたいもの。たとえ、リップサービスでも「そんな先々のことまで心配しなくても大丈夫よ。いよいよ困ったら、そのときはそのとき。子どもだっているんだし」とでもいっておくだけでも、親の不安もずいぶん違うでしょう。

老後も減らない出費はこんなにある

私自身は潤沢な年金は期待できません。以前、同じような立場で仕事をしてきた先輩にふと、「仕事ができなくなったら」……と不安を口にすると、「大丈夫よ。年をとればそんなにお金はいらないから」といわれたことを思い出します。

年齢を進めてきたいま、そんなことはまったくない、といいたくなっているからです。

たしかに、住宅ローンや子どもの教育費などの負担はなくなります。その分、収入も細くなるわけですが、光熱費などの公共料金、固定資産税やマンションに住んでいれば管理費や積み立て補修金、火事・地震などの損害保険、車の維持費、衣服費や交際費などは年齢に関係なくかかってくるのです。電気製品が壊れたり、住宅もあちこちガタがきます。そうなれば、買い換え、あるいは修繕が必要です。

高齢者の多くは高血圧などで医師に通っており、医療費もかかれば、入院する可能性も増えてきます。最近は、老人保険制度の対象年齢が75歳に引き上げられるなど、今後も、高齢者の医療費負担は重くなることはあっても、軽減される見込みはないでしょう。それ以下の年齢では、医療費は3割の自己負担が必要です。

元気な親も、やりくりには工夫が求められます。孫が遊びにくればお小遣いをあげたくなるのも人情ですし、誕生日だ、クリスマスだと孫との交際もバカになりません。もちろん、他に冠婚葬祭のお付き合いも欠かせません。

物価もじわじわと上がっていきます。

これで、どこが「年をとればそんなにお金はいらない」のでしょう。年をとって、出費が減るのは、せいぜい食費ぐらいです。

親の年金など収入額だけを聞いて、「年をとれば、そんなにお金はかからないはずだから、楽勝なのでは」と決めつけるのは早計だということです。

なにごともなければ、年金などでまずまずの暮らしは維持できたとしても、ボーナスはなし。少しまとまった出費は蓄えを取りくずすほかはありません。その蓄えだって限りがあるのがふつうでしょう。

調査によれば、65歳以上世帯の平均貯蓄額は2504万円とかなりリッチ。65歳以上世帯の41・8％が、2000万円以上の貯蓄をもっています。退職金などが入った後でもあるからでしょうが、全世帯平均貯蓄高1692万円から見ても羨ましいくらいです。

でも、親の老後は長くなる一方です。年金はしだいに細るばかり。それなのに、これまで高齢者に設けられていた控除や負担軽減などの枠組みはどんどん撤廃され、老後の暮らしをひたひたと脅かせているのが現実です。

2504万円の貯蓄。これが夫婦の総額だとすれば、1人あたり1200万円ちょっと。有料老人ホームに入ろうとすれば、入所金さえまかなえるかどうかといった金額にすぎません。

こうした親の状況を物語るように、貯蓄や資産が老後の備えとして十分かどうかについて、60歳以上に尋ねたところ、「十分だと思う」と「まあ十分だと思う」を合計した、「足りると思う」が44・8％。一方、「やや足りないと思う」「足りないと思う」の合計が45・2％とほぼ同じくらいの割合でした。しかし、65〜69歳では、「足りないと思う」割

高齢者の老後の備え

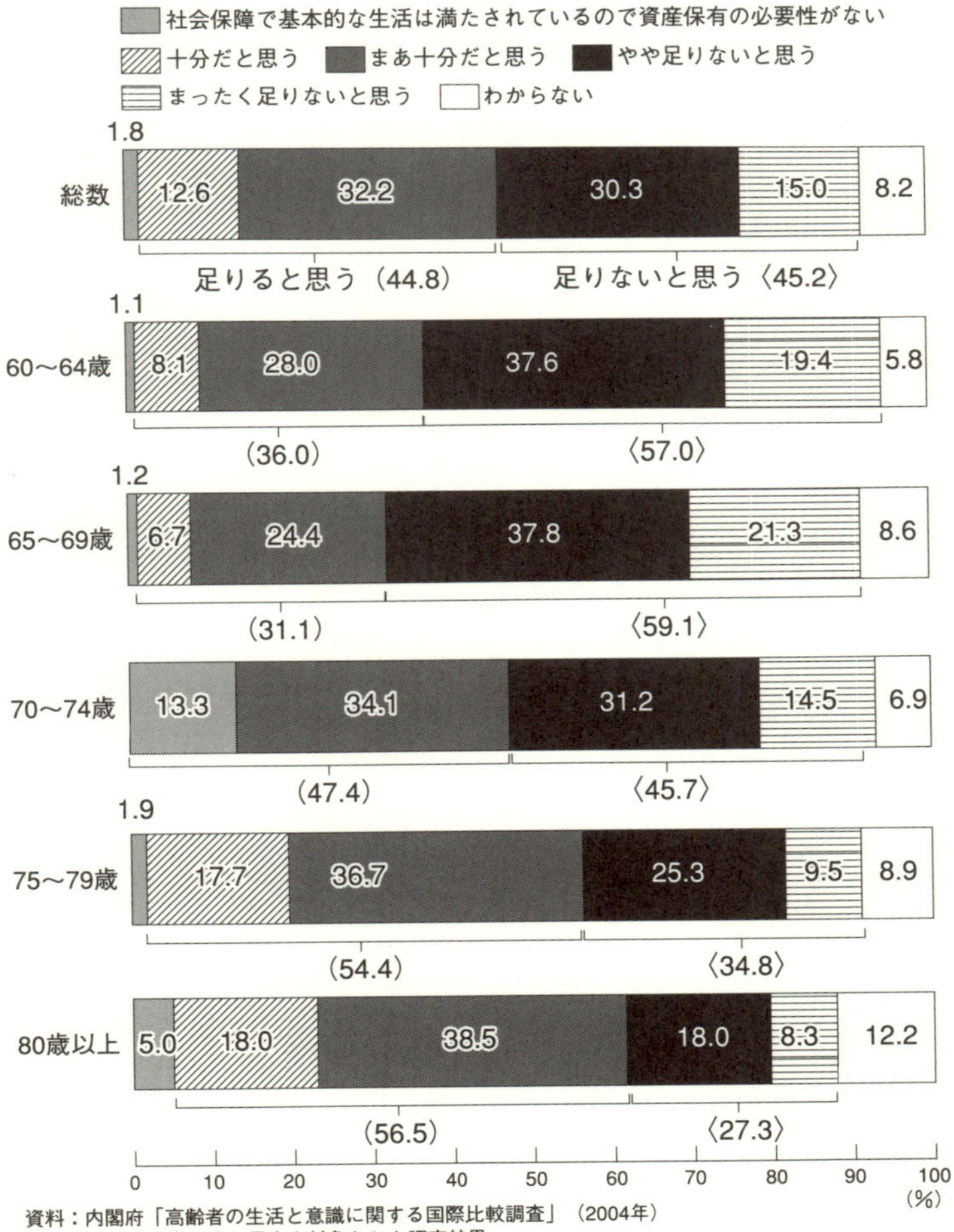

資料：内閣府「高齢者の生活と意識に関する国際比較調査」（2004年）
（注１）全国60歳以上の男女を対象とした調査結果
（注２）「—」は回答者がいないことを示す。

合は約60%と、半数以上が老後の備えに不安をのぞかせています。

その不安を解消する方法の1つに入院保険などがあります。

75歳以上が利用する老人保険では、一定以上の所得があれば、老人保険の負担限度額は外来で月額4万200円、入院では7万2300円+(かかった医療費−36万1500円×1%)となっています。逆にいえば、親が病気になれば、最大、これだけのお金がかかると思っていなければなりません。

入院中の食事代も自己負担ですし、親が入院するとなれば思わぬ出費も増えるものです。

個人差、病院による違いはありますが、入院時には健康保険の負担額の他におよそ10~20万円ぐらいのお金がかかることが多いのです。

わが家では、郵便局の簡易保険と民間の入院保険に入っていたため、初めの半年ぐらいはその保険金がけっこう助けになりました。

最近は、かなり高齢になっても入れる民間の医療保険がたくさんあります。子どもが資料を取り寄せ、親と一緒に加入を検討してみるとよいでしょう。

親の家を介護費にあてる——リバースモーゲージという考え方

私のまわりでは、親に送金しているとか、親と（途中同居も含めて）同居し、親の〝面倒をみている〟人は半数ぐらい。残り半数は「親はなんとか自分の経済力で暮らしている」人。稀《まれ》に、親は相当リッチで、親の遺産で家を建て直したというような例もあります。

親は子どもを選べないように、子どもも親を選べません。年齢とともに親が経済的に成り立たなくなってしまったら、子どもとしては放っておくわけにはいきません。そうなれば、誰でも、そして、余裕がなくても親の〝面倒をみる〟ことになるのでしょう。

遺産をたっぷり残してくれるような親をもつ人を羨ましいと思う気持ちはないわけではありませんが、最近は、親が人生の最後まで経済的に子どもを頼らずにやってくれたら、それでもういうことはないという声が圧倒的です。うちもまさに、これでした。

５年以上、療養病床に入っていた母は、当初、「個室対応でなければ」といわれたこともあり、ずっと室料がかかる部屋を利用していました。そのため、毎月の支払いは40万円超。これを、母の蓄えから支払えたことに、私たち子どもは本当に感謝しています。きょうだいのなかには年金暮らしに入ったものもあり、「子どもたちで負担するということになったら、やっていけない」と本音をもらすこともしばしばでした。

在宅介護をしながら、介護保険だけでは十分な介護体制を組めず、個人的にもヘルパー派遣を依頼しているある友人は、「介護費用が毎月10万円以上かかり、そのために、主人も私も必死で働いている」といっています。

老夫婦で在宅介護をしながら、仕事もしているという毎日のシビアさは想像にあまります。

介護費をかけずに、仕事もしない、という選択もあるはずですが、「それでは、精神的に閉塞感に追い込まれてしまう」といっています。

とにかく、親の経済状況により、子どもはそれなりに対応していくほかはありません。

Pさんは、ひとり暮らしの父親が施設に入所。そのコストを3人きょうだいで負担することになり、そのために小さなリサイクルショップを開いてがんばっています。夫はすでに定年退職。自分ががんばるほかに、お金を得る道はなかったのです。

Fさんの家では、3人きょうだいそれぞれの収入に応じて負担額を決めているそうです。

現在、在宅介護の自己負担費用は平均で4万2000円程度。施設介護では14～15万円程度かかります。

しかし、これはあくまでも公的介護サービスを利用した場合です。介護保険の限度額以上の介護サービスを加えれば在宅でも費用はさらに増します。施設介護では、公的施設は多数の待機者を抱えているところが多く、地域によっては数年待ちが当たり前、というところさえあります。その間、在宅介護では支えきれず、民間の介護付施設の利用を選択する場合も少なくありません。民間の介護施設はまさにピンからキリまで。入所一時金はゼロから数千万円以上、月々の経費も10数万円から、数十万円かかるところまで、いろいろです。

いずれにしても、介護はお金と切り離して考えることができない問題であるのが現実です。

最近は、資産は子どもに残さずに、自分の人生で使いきると考える人も増えており、「資産はできるだけ子孫のために残してやるほうがよい」と考える親は、01年には65・5％であったのが、06年には55・０％と10％も減少。逆に、「資産は自分の老後を豊かにするために活用（売却、賃貸など）するほうがよい」とするものが、01年は32・２％、06年は41・８％とほぼ10％、増えています。

親の資産の中核的なものである自宅を担保にお金を借り、そのお金で老後資金をまかない、亡くなったときに自宅を売却。借りたお金を精算する「リバースモーゲージ」という制度もあります。市区町村では、東京都武蔵野市が１９８１年に全国に先駆けて導入。その後、中野区・世田谷区などもリバースモーゲージ制度を採り入れています。信託銀行などでも、こうした発想の金融商品をあつかっているところがあります。

自宅不動産は、資産価値はあっても、売却してしまえばそこに住みつづけることができず、「資産があってもお金がない」状態で立ちすくんでいる親も少なくないはずです。こうした制度を積極的に活用すれば、老後、介護資金の確保の道が開けます。

どうしても経済的に成り立たない場合には、市区町村にどんな支援策があるのかを尋ね、使える仕組みをどんどん利用するという姿勢をもつべきでしょう。

私は、ためらうことなく「お金がかかりすぎる」ことをいろんな人に相談したものです。母がお世話になった療養病棟は、ふと通りがかりにみつけた洋品店で、グチをこぼしたところ、「お客さんがM病院を利用していて、そこはそんなにかからないそうよ」と教えていただいたことがきっかけで入所できたのです。

まわりには親のことで苦労している人も多いもの。そしてそれぞれが知恵や情報を生かして、なんとか乗り切ろうとしています。自分から先に口を開き、一歩踏みだすと、そうした回路も開きやすくなります。困ったときはおたがいさま。グチを聴いてもらうだけでもいい。そのくらいの気持ちになって、まわりの情報を集めることも大事です。

親のお金の管理方法について もう一度考えてみる

親の財産管理をめぐって、親子関係に大きなヒビが

親の蓄えがどのくらいあるのか。それはどんな形になっていて、誰が、どう管理しているのか。子どもとしては大いに気になるところです。

親がある程度の年齢に達したら、子どもが代わって管理してやればよいという考え方をもっている人も少なくないでしょう。でも、わが家ではそれで大失敗しています。

父は82歳で亡くなるまで、収入の管理から資産管理まできちんと行なっており、毎年、4人の子どものもとに、「いま、自分が死んだらこれだけの相続税がかかる。これをこうして支払いなさい」というような手紙が舞い込んだほどでした。バブルのころで、郊外の小さな持ち家地にも法外な価格がつき、相続税もバカにならない時代だったのです。

実際に亡くなったときには、母名義だったものにも「みなし課税」されたため、父の計算は大幅に狂い、相続税を支払うと母が頼りにしていた蓄えはかなり細ってしまいま

した。それでも多少の蓄えと自宅のほかに少しばかりの不動産も残されました。

その管理を次男が、「ぼくがすべてやってあげる」とかって出たのです。弟は銀行マンで、お金の管理に関してはプロ。きょうだいもそれがいちばん安心できる方法だと思いました。

弟は母の預金通帳などを持ち帰り、あれこれ整理して銀行の貸し金庫に収め、生活費は必要に応じて母の口座に振り込むことになりました。

しかし、このシステムはその後、とんだ結末を迎えました。

母が近隣の友人とおしゃべりのついでに「息子が全部、管理している」と話したのでしょう。すると、「身内ほどこわいものはないのよ。きっと息子さんに全部盗られてしまうわよ」といわれたらしいのです。すっかり心配になった母は、それをそのまま弟に伝え、「預金通帳や株券を返してほしい」といい出しました。

最初はやさしく、「自分は間違ってもそんなことはしない。お母さんのものはみな、貸し金庫に入っているよ」と説明していた弟も、母がしつこく「返してほしい」と繰り返すうちについにキレ、「もう、どうなっても知らない」と通帳や株券などすべて母に返しました。

不信感をあらわにされたことがよほど頭にきたのか、弟は以後、母とはしばらく行き来が途絶え、いまも、他のきょうだいともあまりしっくりとはいっていません。

いまにして思うと、母のこの行動は認知症の初期症状だったとわかります。認知症の初期には「もの盗られ妄想」（誰かが自分のお金を狙っている、盗んだなどといい出す症状）がよく見られます。でも、当時の私たちは母が認知症だとは思ってもおらず、弟が怒ってしまったばかりか、他のきょうだいまで、母を責めてしまいました。

実際、面倒な作業を引き受けたのに、「あなたに盗られてしまうかもしれないから」といわれたのでは、たまったものではありません。

その後、母の認知症が進んでいき、結局その弟がお金に関わるすべてを管理。母の療養病床の支払いなどは私が立て替え、メールで支払額を知らせると、弟が私の口座に振り込むという形をとるようになりました。

しかし、広い世の中には、子どもが親のお金をだまし取ったり、きょうだいのうち、誰かがひとり占めしようと画策するケースなどもないわけではないのです。施設に入所している親の年金を子どもが使ってしまったり、不動産の名義を勝手に書き換えてしまうなど、身内による財産の侵害もかなりあるというのですから、近所の人の母へのアドバイスもあながち、見当はずれとはいえないでしょう。

最近は、こうしたトラブルが起こらないよう、公正な立場の人がお金を管理する「成年後見人制度」があります。この制度は介護保険制度と並んで、高齢社会を支える２つの制度だといわれています。わが家でも、つい弟を頼ってしまいましたが、この制度を利用すれば、おたがいに不快な思いをしないですんだかもしれません。

判断力が低下したときのために公的制度を利用する

高齢者障害者が自分の力だけでは思うように動けない、あるいは判断力が低下したという場合にも社会的な不利益をこうむらないようにサポートする、「地域福祉権利擁護事業」と「成年後見制度」の２つの制度があります。

「地域福祉権利擁護事業」は、高齢者などが住み慣れた地域で安心して、自立した生活が送れるように、福祉サービスの利用などについて相談や支援を受けることができる制度です。このサービスの一環として、お金の出し入れ、日常的な金銭管理、通帳や印鑑の保管などのサポートも受けられます。

「成年後見制度」は、日常的な金銭管理に加えて、施設の入退所にともなう支払いや返金などの代行や管理、さらに財産管理などをサポートする制度です。

いずれの制度も、利用にあたっては、あくまでも本人の意思であることが確認できること、本人に契約を結ぶ能力が残っていることが前提です。
遠くに住む家族が、ひとり暮らしの親の日常的な金銭管理について相談することもできれば、同居家族があっても、家族に任せず、この事業を利用して、自分の財産管理を行なうという選択をする人もあります。

【地域福祉権利擁護事業】

認知症などで判断力、理解力が多少低下したり、虚弱だったり、身体にハンディがあるため、日常生活での福祉サービスの利用や、金銭管理がうまくできない人が対象になります。福祉サービスの利用手続きや介護保険の申請サポート。また、お金の出し入れなど、日常的な金銭の管理に不安があったり、通帳や印鑑の保管に不安がある、自分が知らない間に預貯金が引き出されたり、年金が勝手に使われているなどの不安があるような場合に利用できます。成年後見制度より身近な地域で行なわれるサービスであるため、より手軽に利用できます。特養、老人ホームなど施設入所者も利用できます。

＊受けられるサービスは？

①　福祉サービスに利用契約……福祉サービスについての情報提供や助言を行ない、

利用することになった場合は、利用手続きの代行、利用料の支払い、苦情がある場合は苦情解決のための手続きなど。

② **日常の金銭管理……**年金や福祉手当を受け取る手続き。税金、公共料金、医療費、家賃などの支払い代行。日常生活に必要な預貯金の引き出し、預け入れ、解約の手続きの代行など。

③ **書類などを預かる……**年金証書、預貯金通帳、権利証、保険証書、実印、銀行印などを預かり、金融機関の貸し金庫に保管する。ただし、宝石、書画、骨董品、貴金属などは預かれないとされている。

＊サポートを行なう人は？

サポートを行なうのは地域の社会福祉協議会で、実際のサポート役は社会福祉協議会の「専門員」「生活支援員」が行ないます。

援助の内容などに不満がある場合はいつでも申し出ることができます。

＊利用料金は？

利用費用は、地域の社会福祉協議会により異なりますが、相談料は無料。利用料金は１時間１０００円程度のところが多いようです。

＊利用の窓口は？

利用したい場合は、地域の社会福祉協議会などに相談するとよいでしょう。民生委員が窓口になる場合もあります。

＊利用までの流れは？

相談を願い出ると専門員が利用者を訪ね、必要であれば何回か相談を重ねて支援計画を立て、契約が成立するとサポートが開始されます。もちろん、秘密は厳守されます。

【成年後見制度】

成年後見制度は、判断力の衰えた高齢者などを保護する制度で、介護保険利用に際しての契約や施設の入退所、財産管理などはもちろん、ひとり暮らしの高齢者が悪徳商法にだまされて高額な商品を買わされてしまうということから守ってくれます。

「法定後見制度」と「任意後見制度」の2つがあり、「法定後見制度」は従来の禁治産者に対する制度の延長線上にあるもので、判断力が衰えた後に家族などの申し立てにより適用される制度です。

「任意後見制度」は本人の判断能力があるうちに、将来、判断能力が不十分になった場合に備えて、あらかじめ、自分が選んだ代理人（任意後見人）に財産管理などについての代理権を与える契約を、公正証書で結んでおき、必要が生じたときに、家庭裁判所の専任する後見監督人の監督のもとで、必要な支援・保護を行なう制度です。後見人を誰にするか、どんな内容を委任するかは話し合いで自由に決めることができます。以下はすべて、「任意後見制度」の場合です。

*受けられるサービスは？

「財産管理」と「身上監護」の2つがあります。

「財産管理」

① 不動産などの管理・保存・処分など。
② 金融機関との取引。
③ 年金や不動産の賃料など定期的な収入の管理やローン返済、家賃の支払い、税金、社会保険、公共料金などの支払い。
④ 生活費の送金や日用品の買いもの。
⑤ 生命保険の加入、保険料の支払い、保険金の受け取り。
⑥ 権利証や通帳などの保管など。

⑦　遺産相続などの協議、手続きなど。

「身上監護」

①　本人の住まいの契約締結・費用の支払い。
②　健康診断などの受診・治療・入院費用の支払いなど。
③　医師から病気やケガなどについての説明に同席する。
④　介護保険などの利用手続き。
⑤　リハビリテーションなどに関する契約締結、費用の支払い。
⑥　老人ホームなど施設の入退所、介護サービスなどの情報収集、本人との話し合い、費用の支払いなど。
⑦　介護サービスや施設の処遇のチェック、異議申し立てなど。

ただし、後見人は、賃貸借契約の保証人、入院などの保証人、手術の同意などはできないとされています。

また、毎日の買い物、掃除、食事の準備、身体介護などは行ないません。

＊サポートを行なう人は？

後見人になるための特別な資格はなく、実際、現在、成年後見人になっているのは、約およそ30%が子ども、きょうだいが17%、配偶者13%、その他の親族が12%、親が11%、弁護士・司法書士などが10%です。

それなら、家族に任せるのと同じではないか、という疑問もあるでしょう。成年後見制度では、後見人の後見事務に支障がないか、権限を乱用していないかなどを家庭裁判所がチェックするのです。不適任だと判断されれば、さらに調査、命令、指示が行なわれたり、解任されることもあります。

*利用料金は?

公正証書の作成などの手数料など、トータルで3万円程度の費用がかかります。

*利用までの流れは?

必要な書類一式を用意（必要書類は、市区町村の成年後見センター、家庭裁判所、公証役場、社会福祉士などに問い合わせましょう）。公証役場に本人と任意後見人になる人が一緒に行き、任意後見契約を結びます。

次に、家庭裁判所に、任意後見監督人選任の申し立てを行ないます。

裁判所が任意後見監督人を選任すると、任意後見人による貢献事務が開始されます。

この後、定期的に、監督人が任意後見人を監督します。

この契約は、本人が亡くなったり、契約が解除されるまでつづきます。契約解除には家庭裁判所の許可が必要です。

こんな人が成年後見制度を利用している

身寄りのないひとり暮らしの高齢者の、判断力が衰えてきた……。本人がそれを自覚している場合は、もちろん本人の申し立てにより利用するのがよいのですが、たとえば、まわりの人が少し様子が変わったことに気づき、離れて住む子どもに連絡し、それを機会に子どもの申し立てにより、本人の同意を得て成年後見人制度を利用するようになったというケースもよくあります。

あるいは、認知症のある親と同居しているきょうだいの１人が、親の預貯金を勝手に引き出していることがわかり、別に住む子どもが申し立て、弁護士など第三者を成年後見人とするようになったというケースもあります。

Ｊさんは、戦国時代から代々つづいた家柄の出身。実家には、動産はともかく、莫大な不動産資産があるそうです。そんな家柄ですから、老親だけが暮らしているころには親戚のものがしょっちゅう出入りし、気がついたときには、値の張る書画などはあらかた持ち出されてしまっていたといいます。

それに気づいた長女が親と同居しはじめたのですが、母親が亡くなり、残された父親が寝ついたころ、「お姉さんだけでは大変だろうから」といって、三女が、一緒に暮らしていた男性と2人の間の子どもをつれて、家に入ってきたのです。案の定、この男性に不動産名義を次々書き換えられてしまい、相続が発生したころには、資産は相当なくなってしまっていました……。

Jさん自身は離婚後、女手ひとつで子育てをしており、実家のことは気になりつつも、時間がとれないまま、ついつい、足が遠のいていたそうです。

結果的に、残った資産は均等に相続したものの、大幅に目減りしていたうえに、現在、姉妹はほとんど行き来なし。他人よりも冷たい関係になってしまっています。

身内を疑いの目で見るのはつらいことですが、お金が人を狂わせることは少なくありません。

Jさんの場合も、成年後見制度を利用していれば、少なくとも、妹さんの同居者に不動産を自由にされてしまったことは防げたはずです。こうしたことを未然に防ぐためにも、この制度はもっと利用されてもいいはずです。

なぜ振り込め詐欺や悪徳商法に引っかかってしまうのか

８万円の健康食品、50万円の羽毛ぶとんを次々買っていた母

母が入院してしばらくした後、母の部屋を大掃除したことがあります。このとき、クローゼットの奥から、ダンボール入りの健康食品セットが何箱も出てきたのには仰天しました。１箱８万円。ほとんど手はつけられていません。

このチラシをもってどこどこに行けば卵１パックをもらえる。そんな言葉につられてある会場に行くと、そんなお年寄りがたくさん集まっている。やがて面白おかしく、大いに笑わせながら、寝たきり、ボケにならないためには、ローヤルゼリーを飲んだほうがいい、アルファ・リポ酸もいい、アガリスクもいいと次々健康食品をすすめ、１箱まとめ買いすれば、トータルでこんなに買いドクになるとあおる、一時期、猛威をふるった商法です。

押入れには、高そうな羽毛ぶとんも入っていました。ふとんを入れた袋に納品書が入

っていたのですが、値段はなんと50万円。掛けぶとん1枚の価格です。これも、手口は健康食品とほぼ同じ。

高齢の、しかも、後になってわかったとはいえ、認知症が始まっていた母に、こうしたものを売りつけるのは、いとも簡単だったに違いありません。

甘い言葉で高齢者にすりより、法外な値段のものを売りつける悪徳商法は、手をかえ、品をかえ……。おそらく絶えることはないでしょう。

少し前まで、マスコミも大きく取り上げた振り込め詐欺の手口も忘れられません。ふつうの判断力をもっていれば、「なぜ、こんなことをいわれ、たやすく大金を振り込んでしまうのだろう」とクビをかしげるばかりですが、実際に被害者は後を絶たなかったのです。

老後の貴重な蓄えを少しでも有利に増やしたいと、リスクの高い金融商品に手を出し、結局、大損してしまったというケースも少なくありません。

どんなに年をとっても、人はプライドをくすぐられると弱いのです。母も、しっかり者という自負があったようで、証券会社の営業マンから、「それだけ経済知識をもっているなんて、すばらしいですね」などといわれると、すっかりいい気持ちになり、相手のいうままに取引していたようでした。

世間話として、こうした商法についてよく話をする

どうすれば、こうしたお金にまつわるトラブルから親を守ることができるか。

はっきりいってしまえば、これで絶対大丈夫！　という方法はありません。でも、少なくとも日ごろコミュニケーションを密にとり、それとなく、そうした話にはのらないようにと話していれば、だいぶ、違ってくるはずです。

母の場合でいえば、息子のような男性が親切に話し相手になってくれる、それだけでかなり心を許してしまうところがありました。話を聞いてしまうと、これだけ時間をとらせたのに悪いと妙に人がいいところがあったことも、だまされやすい要因だったと思います。

老夫婦だけ、あるいはひとり暮らしをしている場合は、子どもはかわるがわる、毎日のように電話を入れるようにして、「今日は誰かきたの？」とか、「今日はどこへ行ったの？」など親の行動をさりげなく尋ねるのもよいでしょう。

親の行動をチェックする意味合いもありますが、同時に、親は、子どもが自分を気づかってくれているという思いを深めることになるからです。こうした安心感があれば、

さびしさから、〝表面的な親切〟に心動かされることは減らせるはずです。

親を訪れたときに、顔を合わせて、「こういう事件があるんだって。気をつけてね」と実際の悪徳商法や詐欺事件について、話をすることも大事です。「甘い話にはワナがある」こと、世の中に、「割安なものなんてそうはないこと」も話しておきましょう。

このとき、親にいい聞かせようとか、教えようというような押し付けがましい姿勢があると、かえって反発を招きかねません。

自分の判断力や記憶力に不安をもてばもつほど、それを気取られないとする思いも頭をもたげてきます。そんな親の自尊心を理解して、「まあ、お母さんは大丈夫だと安心しているけどね」などと言葉を加えることも、よい意味でプレッシャーになり、それがブレーキとなってくれるかもしれません。

振り込め詐欺に関しては、07年1月からATM振込みは1日10万円までと厳しく制限されるようになり、かなり歯止めがかけられるようになりました。しかし、世の中には悪知恵が働く人も後を絶ちません。必ず、新手の詐欺が登場してくると考えていたほうが間違いないでしょう。

頭のいいことでは誰も一目おく、私の友人は、30代の息子さんが痴漢を働いたと電話があり、示談にするにはいくらいくら振り込め、といわれ、8割方、その気になってしまったといっていました。さすがにすぐに、当の息子さんに連絡をとったところ、息子さんに大笑いされて、一瞬にして目が覚めたと笑っていました。でも、まさか彼女が、と驚くような聡明な女性です。子どもを思う親の気持ちには、思わぬスキが潜んでいるものです。相手はそこをついてくるわけですから、どんなに用心しても、しすぎるということはないはずです。

どんなことをいわれても、お金を動かす前に必ず、子どもと連絡をとること。これだけはしっかりいい伝えておくほうがよいでしょう。

クーリングオフや消費生活相談窓口へ

もし、親が悪徳商法にひっかかったことに気づいたら、契約して1週間以内なら、契約を結んだ方から一方的に契約を解消することができるクーニングオフ制度があります。

高級ふとん、健康食品などはたいていこれに該当するはずです。ただし、使用してしまうとクーリングオフできないものが多いので要注意です。

明らかに不当な取引ではないかと思われる場合は、「消費者契約法」により、取引きが間違いであったと気づいたときから6ヵ月間以内なら、契約の取り消しを主張できます。

ただし、5年で時効になります。

公的な相談機関に相談することも有効です。できればすぐに駆けつけるか、親に指示して、市区町村の消費生活相談口や消費生活センター、消費者センター、国民生活センター（消費生活相談：03―3446―0999）などに相談をもちかけてみましょう。市区町村には無料の法律相談を行なっているところもあります。

第4章　親を「寝たきり」にしないために子どもができること、しておきたいこと

70代半ばから80代初めぐらいまでは、親の元気を応援する姿勢がいちばん

年齢から10歳マイナスして親と付き合うくらいでちょうどよい

親に対する愛情がないわけではない。できるだけ親孝行もしたいと思っている。でも、介護や経済的な問題を考えると気が重くなってくる……。だとしたら、親がかわいそうです。最近の親は一般的に、心も体も非常に元気。1～3章で、高齢の親の問題点やその解決策のヒントをご紹介してきましたが、たいていは、要介護や認知症にもならず、元気に年を重ねていきます。

知人のIさんのお母さんは84歳で急死。前の日まで、元気に出歩いており、朝、起きてこないので、見に行ったところ、すでに息をしていなかったとか。

Iさんは「看病もさせてもらえなかった」と嘆いていましたが、要介護の親を抱えていた身には、なんともみごとな最期であったと思えてなりません。

一般に、衰えが気になりだすのは、親が70代半ば過ぎごろから。最近は80代でも、心

衰えが気になりだした"きっかけ"

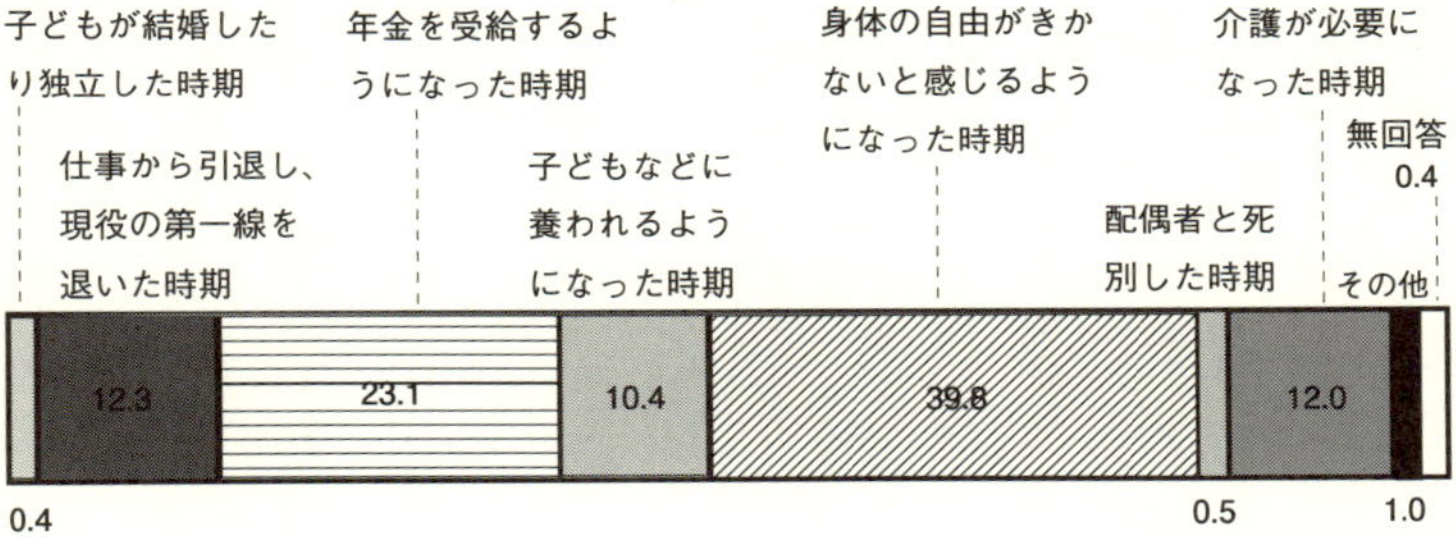

資料：内閣府（2000年）

身ともども、しっかりした高齢者も増えています。「およそ何歳以上ぐらいからを〝年寄り〟だと思っているのか」を調べた結果があります。04年に内閣府が実施した「年齢・加齢に対する考え方に関する意識調査」によれば、20歳から75歳以上のどの年代でも、半数以上が「70歳以上」と回答しています。

ちなみに、自分が年をとったと実感するのはどんなときか（年齢以外に）を調査した結果が上の表です。

興味深いのは、とにかく、気持ちが若くなっていることです。

シニアコミュニケーションが、認知年齢（実年齢とは関係なく、自分自身を何歳ぐらいだと思っているか）について調べたところ、男女とも、実年齢より10歳ぐらい若いと考えている人が圧倒的に多く、女性にいたっては5人に1人が、実年齢よりも20歳程度、若いと考えていると答えています。

平均は男性が13・3歳、女性は14・0歳若いという結果が出ています。

最近のシニアマーケティングでは、「実年齢×0.7」という年齢設定を行なうのが〝お決まり〟だと聞いています。実年齢が70歳ならば、気持ちは40代の終わりぐらい、というのですから、なんとも感心するばかりです。

子ども側も、この認知年齢を頭に入れておき、親と向き合うときは、頭の中で、ざっと10歳、あるいは〝太っ腹におまけ〟して、15歳ぐらい年齢を差し引き、話をするぐらいでちょうどよいということです。

「そんなに引いたら、私と大して変わらないじゃない」という声も聞こえてきそうですが、それでいいのです。エイジレス、年齢意識がどんどん希薄になっているのも、現代の特長なのですから。

ついこの間も、半分笑いながらですが、友人とこんな話をして、嘆きあったことがありました。敬老の日、お孫さんが花束をもって訪ねてきてくれたそう。そして、「はい。今日は、お年寄りを大切にする日だって、先生がいったの」。お孫さんは小学校1年生。先生に悪気はないのでしょうが、まだ、60を少し出たばかりの友人には、「お年寄り」の言葉は強烈だったようです。せめて、「おじいちゃん、おばあちゃんを大切にする日」ぐらいのいい方にしてほしいといっていました。

ついでにいえば、私の周辺では、孫ができても、「おじいちゃん、おばあちゃん」という呼び方に「待った！」をかけているケースも少なくありません。

ある知人は、「パパ」と呼ばせています。ちなみに、お孫さんは、父親は「ダディ」と呼んでいるそうです。別の知人は、「アキコさん」と名前で呼ばせているそうです。

若夫婦は、孫なのだから、と勝手に、「じいじ」「ばあば」と呼んだり、「おじいちゃん」「おばあちゃん」と呼ぶのが当たり前だと思い込んでいるようですが、呼ばれる側はかなりの抵抗を覚えている人が多いことを知っておきましょう。

このころは、むしろ、親の若々しい気持ちを受け入れ、その気持ちをバックアップすることが〝最高の親孝行〟だといってよいくらいかもしれません。70代半ば前の親に向かって、「オヤジももう年なんだからさぁ」とか、「いい年して！」は禁句です。

かわりに、この年代の親に向かって、ぜひ、いってあげたい言葉があります。

父親なら、「頼りになる」。母親なら「いきいきして見える」です。

財団法人ハイライフ研究所が、「シニアは自分をどういう人だと思われたいか」という調査を行なったところ、60代男性の約4割が「頼りになる」、60代女性の約6割が「いきいきして見える」という言葉を選んでいます。次いで多かったのが、男性では「思慮深い」「センスがいい」「頭がやわらかい」「年より若く見える」。女性では「年よりも若く見える」「センスがいい」。

意識も、見た目も若い現代の親には、こうした言葉をかけてあげる。それが〝最大の親孝行〟といえるかもしれません。

親子で老後について話す機会をもつ

もちろん、親は誰でも70歳半ばまでは元気でしっかりしていると保証されているわけではありません。

Iさんは40代半ば。親は福井県在住。3人の子どもはみな東京近郊で暮らしており、福井には70代前半の父親と60代後半のお母さんが2人で元気に暮らしています（と思っていたそうです）。

ところがある日、「お父さんが行方不明になった」と突然の電話。最近、足が弱ってきたお母さんを買い物先まで車で送り、2時間ほど後に迎えにくるといって車を走らせて行ったきり、夜になっても帰ってこないというのです。

3人の子どもはすぐに駆けつけ、付近を捜したり、警察に届けたり。結局、翌朝、とんでもなく方向違いの地域の畑道でぼんやり座り込んでいるところを発見されたとか。帰り道がわからなくなって、メチャクチャに走ってしまった結果です。

「アルツハイマー？」

私が聞くと、やはり、少し前からなんとなくおかしいところがあったといいます。

「でもまあ、まだ、なんとかなると思って……」

Ｉさんもお兄さんも東京で就職。そのまま、東京で家庭をもっています。妹さんも結婚して東京住まい。３人とも、すぐに福井に移り住めるわけではありません。

「で、どうしてるの？」と聞くと、いまは、クルマの運転をやめさせ、ひとりで外出しないようにいい聞かせているのだとか。お母さんには軽い脳梗塞の後遺症があるそうで、これから、子どもたちで話し合おうといっているところだとか。

わが家でもそうでしたが、「そのうちに話し合おう。いまはまだなんとかなっている」と１日のばしにしていると、突然、待ったなしで、こうした事態が起こることがあるのです。

ですから、親が定年を迎えたころから、そろそろ意識して、「老後はどうする気なの？」と話し合う機会をもっておくとよいとおすすめします。

しばらく前、『老後がこわい』（香山リカ著　講談社）という本が話題になりました。

著者は40代半ば。読者ターゲットは30～40代ぐらい。年金制度の将来が危ぶまれていることもあり、近ごろでは、若い年代のほうが、老後に対する不安をもっているくらいです。

ですから、親の意識が十分若い間は、親も子どもも、ほとんど同じスタンスで、老後について語り合う機会をもってはいかがでしょう。

最近のシニアマーケティングでは、エイジレス意識はもはや常識化しています。子ども世代は、自分が興味をもっていること、自分がほしいと思うものなどの話題をもちかけると親も喜ぶはず。若い女性向けのファッション店や若い女性の間で評判のケーキ屋さんなどに、親を連れて行ってあげるのもよいと思います。男性なら、かっこよいジーンズショップなどに案内するのはいかがでしょうか。

そうした話から、自然に「老後」も話題にのぼるでしょう。こうして、老後について話すなかから、おのずと、親がさらに年老いていった場合、どうしたいと思っているかをうかがい知ることができるはずです。

いまは、別々に住んでいるなら、親の老後について、次のようなことをたしかめておくようにしましょう。

①どんな暮らし方が、理想の老後生活だと思っているのか
②さらに年をとっても、夫婦だけで暮らしていこうと思っているのか
③ひとりになった場合はどうするのか。子どもと同居する気があるのか、ないのか
④子どもと同居する気持ちがない場合、介護が必要になったらどうするのか
⑤ボケ（認知症）になったら、どうしようと思っているのか
⑥子どもと同居するなら、きょうだいのうち、誰がいいと思っているのか
⑦経済状態はどうなっているのか
⑧蓄えはどのくらいあるのか
⑨自宅などの資産はどうしたいと思っているのか
⑩お墓をどうしたいのか（最近は、夫婦だけのお墓をもちたい、あるいは、自分だけのお墓をもちたいという考え方も増えています）

こうした問題を面と向かって話せるなら、かなり成熟した親子関係だといえそうです。子どものほうが、自分自身の問題として老後についていろいろ考えていると話を切り出せば、親の本音も聞こえてくるでしょう。

1～3章で紹介してきた介護保険サービスや成年後見制度の利用なども、親が元気で

しっかり判断できる間に必要な手続きをしておけば、必要が生じたとき、適切な方策を講じられます。

二世代住宅はもう古い？ 親の老後の考え方も変わりつつある

二世代住宅への考え方にはギャップがあることも知っておく

親の年齢が高齢期に入ると、住宅問題を考える親子も多いようです。

うちの甥も、親が引退したら、実家を二世代住宅にして……、と甘い考えをもっていたところ、親の考えはノー。あわてて、ローンを組んで、マンション購入に踏み切りました。

甥のケースのように、二世帯住宅という発想は、親孝行からではなく、むしろ、子どもの方の甘えであることが多いようです。

旭化成・へーベルハウスの「二世帯住宅研究所」では、１９９４年以来、97年、01年、05年の４回にわたって、二世帯住宅に関わる意識や実態の変化に関する調査を行ない、二世帯住宅事業を定点観測しています。

その結果、見えてきたのは同居にいたった（二世帯住宅をつくった）理由では、「親世帯が望んだから」という回答がどんどん減っているという現実です。しかも、子ども世帯に尋ねた結果は、「親世帯が望んだから」は46・0％であるのに対して、親世帯の回答は「子ども世帯が望んだから」が63・2％。両者の回答に10％以上の温度差があることも注目されます。

つまり、子どもの強い希望に押されて、仕方なく親が同意した。でも、真っ向からそうもいえないので、親側は「それもいいね」というような返事をした、というようなケースが多いようなのです。

二世帯住宅のパンフレットやサイトには、「土地を有効に使える」「住宅融資面で有利」「助け合い、安心して暮らせる」「かわいい孫との同居で老後の暮らしが豊かになる」「暮らしの知恵が受け継がれていく」「子どもや孫に思いやりの気持ちが生まれる」「ご近所付き合いが広がる」……など、二世帯住宅のメリットが大きく謳《うた》われています。

ところが、二世帯住宅を実現した結果、「相手世帯の価値観が異なる」「ライフスタイルが異なる」「生活時間帯が異なる」「プライバシーを保ちにくい」ことなどに、両者ともストレスを感じているという結果も明らかになっています。

親と一緒に住んで〝あげる〟という感覚はもう古い？

Ｗさんは岩手県出身の35歳。バツイチで現在はシングル。地元大学を卒業後、地方紙の記者をしていましたが、離婚後上京し、現在は東京の小さな情報会社で働いています。彼の口ぐせは、「親も年をとってきたし、そろそろ、一緒に住んでやらなくちゃならないと思ってはいるんですけどね」。

お父さんは65歳、お母さんは１つ年下。妹さんは結婚し、県外に住んでいるそうです。でも、おそらくＷさんが実際に故郷に帰り、親と同居する可能性はそんなに大きくないでしょう。

親が気になるのはよくわかりますが、就職時に親が住む地方を離れて働きだした場合、ほとんどの場合、〝結局は、故郷に帰って一緒に住むことは不可能〟なのが現実。親たちも、都市部で働く子どもを誇りに思い、自分たちなりになんとか暮らしていくことに、納得しています。

親の意識も大きく変わり、「できるかぎり、親は親でやっていく」という考え方のほうが主流だといってよいくらいです。

06年のシニアコミュニケーションの調査では、子どもとの同居を望む親は10人に１人以下です。03年の日本住宅協会の調べでも、「子どもと同居したい」は14・９％と。７人に1人ぐらいの割合です。実際に、10軒のうち3〜4軒は、「子どもは片道1時間以上のところに住んで」います。

4人きょうだいのわが家の場合も「片道30分以内」は1人だけでした。

注目されるのは親子の接触です。日本、韓国、アメリカ、ドイツ、フランスの「別居している親と子どもの接触頻度」を調べた結果、「ほとんど毎日」と「週に1回以上」を合わせて、日本は約45%、韓国は60%、アメリカは80%、ドイツは60%、フランスは65%。

親もそうした現実を受け入れているのか、「子どもや孫との付き合い方」について、日本の高齢者の意識を尋ねると、「子どもや孫との付き合いの密度は薄くてもよい」と答える人が、年を追って増えています。

この結果は、親世代の精神的自立が進んでいることを示しているのか、子どもや孫と濃厚な付き合いを望んでも無理、とあきらめも入っているのか。おそらく、その2つの気持ちが入り交じり、「いまの時代はこんなものだ」とムリヤリ、納得しようとしているようにも感じられます。

親が望んでいるのは、子どもたちの気持ち

親なんて実は他愛ないものなのです。子どもとふれあいたいといっても、大したことなど望んではいません。モノなんかくれなくていい。子どもからちょっとした気持ちを示されればそれで十分うれしい。06年４月、シニアコミュニケーションが行なった「母の日に関する調査」（対象は50～60代女性）からも、そんな親心が見えてきます。

「母の日にもらいたいもの」の１位は「花」の39％。次いで、「言葉・気持ち」が12％、「旅行」が11％、「食事」が９％、「ファッション関連小物」が７％、「なんでもいい・うれしい」が５％、「飲食品」が３％、「お金」１％、「お手伝い券」１％、「衣料品」１％という結果でした。

一方、「実際にもらってうれしかったもの」の１位は「花」の28％。次いで「言葉・気持ち」が26％。「ほしいもの」では12％だったのですが、実際にやさしい言葉をかけられると、それだけで大満足してしまう母心がしのばれます。

父親についての調査はしていないようですが、父親だって、同じような思いでいるに違いありません。

うちの場合はきょうだいは４人。それぞれ、月に１回ぐらい、親の家に顔を出していましたが、単純計算では、ちょうど「週に１回ぐらい」の割合となりました。

他に、正月や母の誕生日、敬老の日などの夜は家族が集まり、母を囲んで食事をすることにしていました。母はそんな席がとりわけ楽しみだったようです。

親との距離にもよりますが、兄弟姉妹が少なくなったいまでも、親子のふれあい、とくにきょうだいの家族が集まる機会を年に何回かもてたら……。そう願えてなりません。親たちの生きがいのトップはなんといっても、「孫など家族との団らん」なのです。

自己管理はむずかしい。子どもが親の健康を気づかう

親の血圧を知っていますか？

06年４月の改正時から、介護保険に「介護予防」という考え方が採り入れられたことは前に述べました。日常生活や気のもちように気をつけ、できればずっと介護を必要とする状態にならないようにする努力。これがうまくいけば、親も幸福な老後を過ごせ、子どもも親子の関係をおおらかに楽しめます。

介護予防のポイントは「寝たきり」の３大要因である

①　脳血管疾患を防ぐ

②　高齢による、心身の衰えを防ぐ

③　転倒などによる骨折を防ぐ、の３つです。

脳や血管の衰えは中年期から徐々に症状として現れてきます。つまり、介護予防は、高齢親だけの問題ではなく、40代、50代ごろから関心をもつべきなのです。高齢期からの介護予防では生活習慣病が表面化していることが多いので、むしろ、適切な対策を講じ、暮らしのなかで血圧などをしっかり管理するようにします。

「実は、血圧が高いっていわれちゃったんだよ」

親に突然、そういわれたりすると、不安にかられる人がいるようですが、高血圧＝病気だというわけではありません。しかし、高血圧症の人は、脳血管疾患や心臓病になる確率が高く、脳血管疾患→寝たきりの道をたどる可能性も高いのです。

ＷＨＯでは、最大血圧（収縮期血圧）１４０以上で、最小血圧（拡大期血圧）90以上を「高血圧」と定義しています。ふつう、年齢とともに血圧は少しずつ上がっていく傾向があり、日本人では、30〜39歳で５・３％、40〜49歳で11・０％、50〜59歳で23・４％、60〜69歳で33・０％、70歳以上では45・４％の人が高血圧症だといわれています。

親が70代以上ぐらいになったら、親の血圧を知るなど、親の健康状態をできるだけ把握しておくべきでしょう。老人保健法は、市区町村などに、40歳以上の健康診断を義務づけており、定期的に健康診断の機会があるはずです。そうした健康診断を積極的に受けるようにすすめ、子どももその結果に目を通すようにしましょう。

親が高血圧だと診断されたら？

定期検診などで「高血圧症」だと指摘された場合は、血圧計を買い与えるなどして、血圧を計る習慣を身につけるようにすすめましょう。毎朝毎晩、血圧を計っていると、自分の血圧に対する自覚が生まれ、おのずと血圧を下げるよう努力するようになります。

高血圧には、「本態性高血圧」、「二次性高血圧」の２つがあります。

本態性高血圧は、原因が特定できない高血圧のことで、高血圧患者の90～95％がこのタイプ。遺伝的因子と塩分のとりすぎ、肥満、運動不足、お酒の飲みすぎ、喫煙、ストレスなどの生活習慣がからみあって起こるようです。

二次性高血圧は、腎臓、内分泌、心血管、神経の病気、妊娠中毒など、他に病気があり、それが原因で引き起こされる高血圧です。この場合は、原因となる病気の治療と高血圧の治療を並行して行ないます。

本態性高血圧の場合、軽いものは、まず食生活、運動など生活習慣を改善し、様子を見ます。それでも、血圧が正常値にならない場合は、降圧剤を服用するようになります。

降圧剤を飲むか飲まないか。飲むとしたら、どういう薬を？　に関しては、医師の指

脳血管疾患の患者数

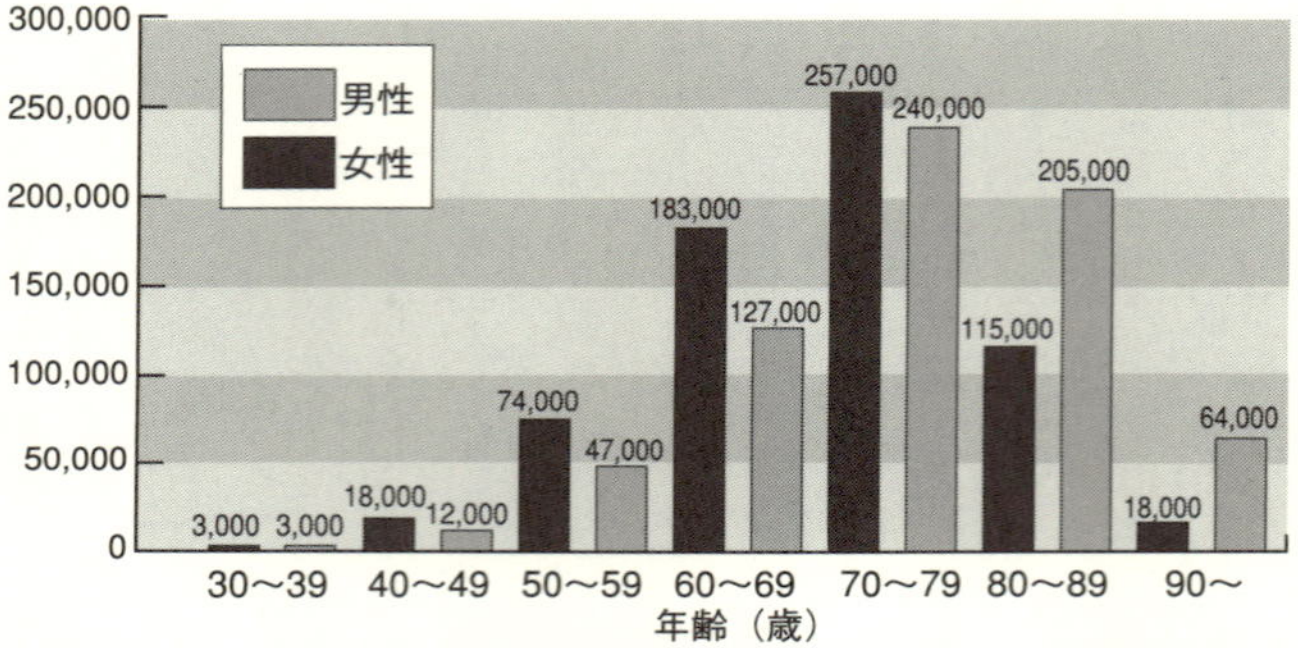

脳血管疾患の患者数（継続的な治療を受けていると推測される患者数）は、男女とも70歳代が最も多く、男性では70歳代以下、女性では70歳代以上の患者数が多くなっています。

資料：厚生労働省「2002年患者調査」

示に従います。

薬の飲み忘れ、勝手に飲むのをやめる……などに注意する

降圧剤を飲むようになったら、きちんと飲みつづけることが大切です。高齢になると、どうしても記憶力が衰えがちで、うっかりミスが増えてきます。

毎日の薬を入れておくポケット付きのカレンダー、1日ごとに朝昼晩、錠剤を分けて入れておくケースなど、さまざまに工夫をこらした〝飲み忘れグッズ〟もあります。調剤薬局などにあるので、親の飲み忘れが気になる場合は、相談してみるとよいでしょう。

また、薬を飲むようになり、しばらくして血圧が下がってきたからといって、自分の判断で勝手に薬を減らしたり、飲むのをやめたりしてはいけません。ところが、血圧が下がったのだから、もう「薬のごやっかいになる必要はない」と考える親はけっこう多いのです。必ず、医師の指示をあおぐようにしましょう。

実家に帰ったおりなどに、「最近、血圧はどう？」とか、「ちゃんと薬、飲んでいるの？」などと話しかけ、薬の服用についてチェックを入れると注意をうながせます。

高血圧の大敵は塩分です。塩分が体内で増えると、体がカルシウムを取り込もうとします。このとき、血管が収縮し、血圧が上がってしまうのです。

和食は世界でも注目されている健康によい食生活ですが、塩分摂取量が多いことが難点。親に、なんでもしょうゆやソースをたっぷりつける習慣があるようなら、しょうゆのかわりにポン酢で食べる、ソースのかわりにスパイスをきかせて料理するなどの健康によい食べ方の工夫を伝えるのも、若い世代の役割だといえるでしょう。

減塩やカロリーカットの調味料、脂肪のつきにくい油など、健康によい新製品情報をもたらしたり、送り届けたりすることも、子どもとして気を配りたいことです。

意外と多い、老年期の「うつ」

一方で、こんなケースもあります。

Yさんは、大分にいるお母さんが「うつ」になってしまい、このところ、週末はトンボ返りで、大分と東京を往復することが増えています。

共働きの妹さん夫婦とずっと同居してきたお母さんは70代半ば。お父さんは10年以上前に他界しています。

精神科に通い、薬も飲んでいるというから、Yさんの思い過ごしではなく、本格的な「うつ」であるようです。

最近は元気なシニアが増えてきて、Yさんのお母さんのまわりでも、生き生きと元気に日々を楽しんでいる人が多いのでしょう。そうしたなかで、自分は楽しむべきなにかを見つめられないとしたら、「うつ」に追い込まれていくのもわかるような気がします。

若い世代や中年層にも「うつ」が増えている社会です。親の世代にも「うつ」が増えていくのも当然の傾向なのかもしれません。

まわりを見回しても、親が「うつ」で医師にかかり、薬を飲んでいるケースはいくつもあります。シニア期から高齢期の「うつ」は、認知症につながる可能性もあるので、心配です。

どうも、生き生き元気で、エネルギッシュに毎日を過ごしているシニアが多いという情報が蔓延しているようですが、60歳以上の人に、「ふだんの楽しみはなんですか」と聞いたところ、圧倒的に多いのは、「テレビ・ラジオ」。次いで「新聞・雑誌」「仲間や友人たちとのおしゃべり」「旅行」「散歩・ウオーキング」など。女性は、これに、「買いもの、ウインドウショッピング」が加わる程度、というところが実際でした。

こうした暮らしが不満だという親は10人に１人以下とごく少なく、４人に１人は「満足している」。残りは「まあ、満足している」といっています。

マスコミに現れる元気でリッチなシニア像は、それはそれでちょっとオーバーなのだと思います。

ほとんどの人は、むしろ、「なにかしたい」という気持ちをもちながら、実際は、テレビやラジオ、新聞などで時間を費やし、家族や友人とのふれあいを楽しむ程度で毎日をそれなりに過ごしているのでしょう。

「ぼんやりしてないで、なにかしたら？　最近の高齢者はみな、もっと前向きだよ」などと、子どもがはっぱをかけるのは、いらぬ干渉というもの。親に対してあれこれ口に出すのは親を思い、心配してこそであることはわかります。でも、親から同じようにあれこれ口を出されていたころ、「うざったい」「うるさいなぁ」と思ったことはないでしょうか。

親も立派な大人。本人がとくに不満がないならば、そんな生き方もある、と認める姿勢が大切です。

一時期、なんでもポジティブにがベスト、という積極志向が全盛だったこともありました。しかし、最近は、気持ちが前向きになれないときはその気持ちをそのまま受け入れるほうがよい。自分の気持ちに対しても無理はいけない。無理に自分の気持ちをふるい立たせようとしたり、ポジティブに振る舞うように努めるほうがプレッシャーになるという考え方が主流になってきています。

定年後の暮らし方についても同様です。のんびり、ぼんやりでもいいのです。やがて、気持ちは自然に、本当に〝そうしたい〟方向に向かうはずです。

ときどき、親の健康状態をチェックする

誰だって、病気になりたくて病気になる人はいません。親自身、健康状態については誰よりも気にかけているはずです。実際、高齢者の10人のうち7人以上は「健康や病気」

に不安を感じており、半数以上は、「自分や配偶者が寝たきりや身体が不自由になり、介護が必要になること」を心配しています。

口には出さなくても、親の本音は、自分の健康が衰えないかと心配し、自分や配偶者が要介護になり、「子どもに負担をかけるようになりはしないか」と気づかっているのです。

実際、60～69歳の前期高齢者の８割以上は、「なんらかの健康法」を実践しています。実践している健康法は、ウオーキングが最も多く、４人に１人が実行しています。次いで、バランスのよい食事（18・８％）、ラジオ体操（８・６％）、サプリメント（７・８％）、ストレッチ（７・５％）、健康食品（４・７％）、酢（４・３％）、ビタミン類（３・９％）、ジョギング（３・５％）、スポーツジム（３・５％）などの健康によい習慣を取り入れています。

転倒から、思いもしない重大な結果に

意外に多いのが、転倒→骨折→寝たきりというコースをたどることです。

Ｋさんが介護生活に入ったきっかけも、お母さんが家の中で転倒し、大腿骨を骨折。

治療を終えて退院したころにはすっかり足腰が立たなくなってしまったことからでした。足腰が立たないとトイレや入浴などがひとりでできなくなり、即、介護が必要になってしまいます。

Kさんは熟年離婚をし、子どもを育てあげた後はひとり暮らし。化粧品メーカーの美容部員の教育担当として、忙しく全国を飛び回っていました。

やむなく、すぐに自宅にお母さんを引き取ったのですが、仕事との両立はむずかしく、2ヵ月ほどでバンザイ。弟さんは海外勤務中とあって、結局、施設入所を選びました。

Kさんの自宅からはかなり離れた施設でしたが、それでも、いまになってみると、長くウエイティングすることなく、受け入れ先が決まったことを「本当にラッキーだった」といっています。

Hさんのお母さんもある日、自宅で転倒して大腿骨を骨折してしまいました。Hさんは母1人、子1人。Hさんが結婚して、自分の家庭をかまえた後は、お母さんはひとり暮らしをつづけ、年金で暮らしながら、読書を楽しむ日々を送っていたそうです。

骨折が治った後は、Kさんのお母さんと同じく足腰が立たなくなり、車いす生活へ。病院からそのまま施設入り。施設探しにはかなりの苦労があったと聞いていますが、現在は東京郊外の特養で暮らしています。入所から7年目。2、3年前からは、認知症症

転倒による骨折の発生率

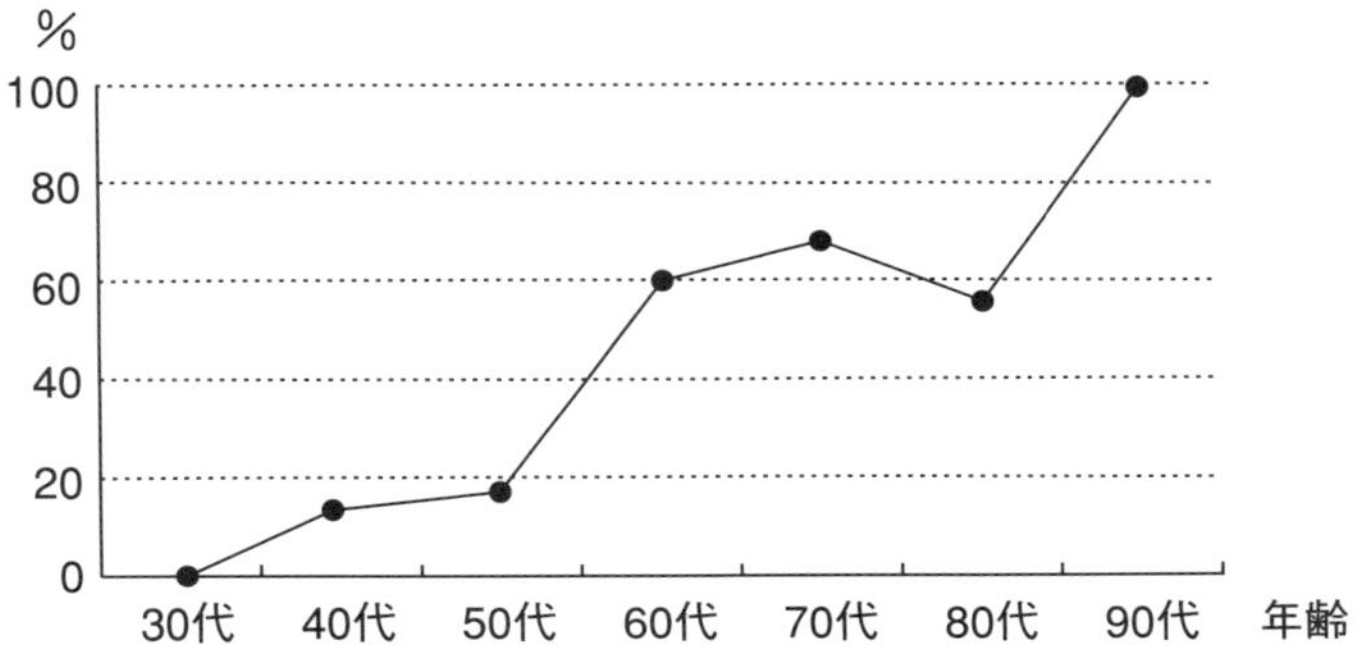

転倒による骨折の発生状況をみると、50歳代以下の人に比べ、60歳代以上の人に急増し、高齢者が転倒すると、骨折につながってしまう割合が非常に高くなっています。

資料：東京救急協会（1999年）

状が目立つようになり、施設でぼんやり過ごす日々になってしまったそうです。

高齢になると、運動機能が衰えてくるため、自分ではちゃんと足を上げているつもりでも、思ったほど上がっていないことなどから、わずかな段差でつまずいたり、階段を踏みはずして転んでしまうことが増えてきます。転倒が増えるのはそのため。とっさに身をかわす反射神経も鈍ってきます。年とともに骨がもろくなっていますから、ちょっと転んだぐらいでも骨折してしまうケースが多いのです。

そのうえ、高齢になると骨がくっつきにくくなるので、若い人より長い治療が必要です。ベッドで寝たきり。車いすに座ったきり。このようにして、しばらく使わないと、機能低下が進み、足腰が不自由になってしまうのです。

東京都老人総合研究所のデータによれば、骨折などの怪我の後、3割近くが寝たきりにつながってしまうそうです。

女性はとくに筋トレを行ない、転倒を防ぐ

高齢になると、骨密度が減少する、つまり、骨がスカスカの状態になる骨粗鬆症《こつそしょうしょう》が増え、いっそう骨折しやすくなってしまいます。骨密度は加齢のほか、運動不足、カルシウム不足、お酒やタバコの飲みすぎなどのほか、女性ホルモンが大きく関与しています。閉経により女性ホルモンが減少すると骨量も大きく減少してしまうのです。そのため、骨折から寝たきりになるケースは女性に多く見られます。閉経期ごろでは、5人に1人、70代に入るころには、骨粗鬆症の女性はほぼ2人に1人の割合だといわれます。

40～50代から、カルシウム摂取や運動などをして、骨粗鬆症の予防をするようにうながしましょう。高齢になっても、筋トレをして筋肉を鍛えることにより、転倒→骨折→寝たきりの最悪コースはある程度は予防できます。

①　足が思うほど上がらず、つまずく
　　↓すねや太ももの筋肉を鍛える。足首のストレッチを行なう
②　バランスがとれず、ふらつく
　　↓お尻や足の前、後の筋肉を鍛える
③　身のこなしが鈍くなり、車や自転車からさっと身をよけられない
　　↓ふだんから体をよく動かすように心がける

骨折から寝たきりになったお母さんを介護し、見送ったAさんは自分自身もすでに60代後半にさしかかっています。まだまだ元気で、現役の編集プロデューサーとして仕事をする一方で、「お母さんの二の舞だけはしない」という決意のもと、スポーツを積極的に採り入れて暮らしています。

週に2回、午前中いっぱいはテニス。週に1回は区民プールで約1時間、ゆったりと泳ぎます。さらに週1～2回、区民体育館で、器具を使った健康トレーニングで汗を流しています。

親の介護を終えると、すぐに自分の老後が迫っている、これが長寿国・日本の親子の

現状です。Aさんのように、親の老後のあり方から、自らは「介護予防」に積極的に取り組むようになれば、親の介護経験は前向きに生かされます。

もちろん、介護予防に精を出したからといって、それで要介護にならないという保証はありません。でも、努力をすればその確率を低くすることはできる。これはたしかな事実です。

靴・杖などこそ、子どもが選ぶ手伝いをする

転倒を防ぐには、他に、歩きやすい靴を選んだり、杖やシルバーカーの使用をすすめるなどの方法もあります。

まず、靴です。高齢になると、靴がきっちり合っているかどうか。素材は軽いか。足になじんでいるかどうかなどが歩行に大きな影響を与えます。スポーツシューズメーカー・アシックスが展開している「歩人館」はじめ、有名靴店ではたいてい。足を測定し、足に合った靴を選んでもらえます。また、デパートの靴売り場にはシューフィッターを配置しているところが多く、ここでも、足にぴったり合う靴を選んでもらえます。

杖は、サイズが合っていないとかえって危険なものです。先端がすべりにくいもので

ないかどうかも要チェックです。ベッドからの立ち上がりや歩行が不安定な人が使う「松葉杖」「４点杖」は介護保険のレンタル機器の対象になっており、月負担額１５０円～程度で利用できます。

小型の乳母車のようなシルバーカーも親の状態を見て、早めに用意するとよいでしょう。足元をしっかり安定させるだけでなく、買いものを中に入れたり、疲れたときは腰をかけられるものもあります。シルバーカーとは異なりますが、歩行が困難な人の歩行機能を補う「歩行器」は介護保険のレンタル機器対象になっており、月額２００円～程度で利用できます。

私の母は、80代に入っても、シルバーカーの使用をいやがりました。見た目が悪いと気にしたからではなく、混雑するショッピング街などで、若い人に、「ジャマだなぁ」といわれるというのが、その理由でした。

たしかに、混み合うなかでは、ベビーカーやシルバーカーは足をひっかけやすく、ジャマだなと思うこともしばしばです。でも、誰だって赤ん坊のときもあれば、年もとる。おたがいさまと見てあげられないものでしょうか。超高齢社会を迎えるこれからの日本がいま、最も強く求められているのは、介護保険など老人福祉の充実と並んで、「高齢者にとってやさしい社会」をつくることだと思います。

家の中をすっきり整理し、転倒しにくい環境を整える

高齢者の転倒事故がいちばん多く発生するのは、意外にも自宅です。バリアフリーという考え方が普及する前に建てられた家だと、敷居や間仕切りなど、1～2㎝の小さな段差があちこちにあります。

階段も要注意ポイント。親の老いを感じたら、階段だけでなく、家の要所、要所に手すりの設置を検討してみましょう。階段の始まり部分が見にくくて足をふみはずし、大怪我という事故も増えています。階段の始めと終わりが見やすいよう、足元に常夜灯をつけるようにしましょう。

浴室もすべりやすく、転倒事故が起こりやすい場所です。手すりの設置を検討すると同時に、洗い場の床はすべりにくいノンスリップタイプに張り替える、マットは使わない、あるいはすべり止めつきのマットに変える、というような配慮が必要です。

トイレにも手すりがあると使いやすく、安全です。

案外、見落としがちなのが玄関の段差です。玄関の床が高い場合は、安定性のよい踏み台をおくとよいでしょう。玄関には、小さなイスを置いておくと、靴の脱ぎ履きのとき、ちょっと腰をおろすことができて楽。転倒防止にもなります。

玄関から門までのスロープ、通りに出るまで階段があるという構造の住宅では、そこにも手すりが必要です。さらに、明るい照明をつけましょう。

介護保険では、住宅改修費を補助しており、上限20万円までの工事なら、自己負担は1割ですみます。また、市区町村によっては、介護保険とは別に住宅改修費を補助しています。

要介護状態になったときにも使いやすいようにと考えて建てたつもりのわが家でも、いざ、母が要介護になったときにはさらに手すりの設置が必要になり、介護保険の住宅改修費枠の他に、居住市の住宅改修費枠もフルに使って改修しました。

室内の整理整頓も大切です。電気製品のコードに足をとられて転んだ、床に置きっぱなしだった新聞やチラシですべって転倒した……。こんな事故は意外なほど多いのです。カーペットの端に足をとられた、スリッパですべったという話もよく耳にします。カーペットや玄関マット、スリッパは使わないと決めてしまうのもよいでしょう。

口腔ケアと栄養状態を見守る

80歳になったときにも自分の歯が20本残っているようにという主旨の「８０２０運動」

が浸透し、最近では口腔ケアの重要性が広く認識されるようになっています。最近の調査では、70代半ばになっても自分の歯を20本もっている人はほぼ2人に1人。75年代とくらべるとほぼ倍増という好成績です。

歯が残っていると、よく咀嚼《そしゃく》できることはいうまでもありませんが、他にも、言葉の発音がはっきりするので、話すことに積極的になる、脳を刺激する、表情が豊かになる、しっかり力が入る……など、たくさんの利点があります。

高齢者の運動能力もかむ力と大きな関係があることもわかってきました。虫歯や歯周病、入れ歯が合わないことなどからよくかめなくなると、食べるものが限定されてしまい、低栄養につながり、その結果、運動能力も低下してしまうのです。

私の母は、80代に入ったころ、入れ歯をつくったのですが、使いはじめの違和感がイヤだといって、とうとう入れ歯を使おうとしませんでした。その結果、すぐにクリーム状のものなど、やわらかなものしか食べようとしなくなってしまいました。

子どもたちは、母と顔を合せれば、「入れ歯を使って、ちゃんとしたものを食べなければダメよ」と口うるさいほどいっていたのですが、なにぶん、80代半ばまではひとり暮らし。自分の好きなものだけを食べて暮らしていました。

高齢者問題にはくわしいつもりの私も、自分の親となるとどこか甘くなり、休みの日に親を訪れるときなど、口に入れればほろりと崩れるような和菓子を買ったり、一緒にお寿司屋さんに行っては、大トロを握らせていたのです。

親を〝見守る目線〟は食生活にも注ぎたいものです。親がひとり暮らしの場合は、電話などで「今日はなにを食べたの？」と聞いてみたり、親を訪ねたとき、台所をのぞいたり、冷蔵庫をチェックしたりすれば、ふだん、どんな食生活を送っているかは見えてきます。

配食サービスがあれば、積極的に利用する

高齢者の栄養状態に関して、最近、とくに問題になっているのは「低栄養」です。ひとり暮らしの高齢者はとくに、食事はごく簡単にすませていたり、一度つくったおかずをつづけて食べるという傾向があり、結果として栄養状態が悪化してしまうケースが珍しくないのです。

低栄養状態になると身体機能も急激に衰え、認知症の進行も早まってしまうのです。抵抗力も落ちるため、ちょっとしたことで風邪をひきやすくなり、風邪から肺炎になるなど、病気も治りにくく、長引きます。長く寝つけば、そこから、寝たきりへと進んで

しまうこともあります。

低栄養からの老化の進行を防ぐためには、自治体などで実施している「配食サービス」を利用するとよいでしょう。

母が住む自治体では、原則としてひとり暮らしの高齢者を対象に、昼食時に弁当を届けてくれるサービスを実施しています。週に3回。1食500円の自己負担が必要です。弁当は、数種類のおかずがぎっしり詰められており、別容器にご飯が付きます。1食といっても、かなりの量が入っていて、高齢者なら、ほぼ1日分に相当しそう。これで栄養の偏りはかなり調整できそうです。

この配食サービスは「独居老人の声かけ」もかねていて、昼食時に不在だったり（あらかじめわかっている場合は事前に連絡をするようになっています）、顔色が悪い、どうも体調がよくなさそうだなど、変調が見られる場合は、センターに連絡。そこから子どもに連絡があるというシステムになっています。

こうしたサービスの有無を調べたり、手続きを進めることは、子どもとして、ぜひ、引き受けたい役割だと思います。

認知症の兆しに早く気づけば、進行を遅らせることができる

年のせいの「もの忘れ」まで、ボケと呼ばない

認知症の高齢者はますます増加の一途です。これは、長寿化が最大の原因だといってよいでしょう。80代も後半になると、2、3人に1人は程度の差はあれ、認知症であるといわれているくらいです。

なんとか、最期まで、認知症にならない方法はないか。少なくとも、その可能性をできるだけ小さくする方法はないか。親が70代ぐらいになったら、いわゆる「ボケ予防」も大きな課題になってきます。

認知症に対する対応が混乱してしまわないよう、まず、言葉の整理をしておきましょう。

現在では、記憶力の低下などが顕著に見られる症状は「認知症」と呼んでいます。少し前までは「痴呆」と呼ばれていたものですが、「痴呆」という言葉に差別的な響きがあ

ることから、「認知症」と呼ぶようになったのです。日常的には、「ボケ」という言葉もよく使われます。

認知症も、他の病気と少しも変わらず、最大の対策は、早期発見、早期に対策を講じることに尽きます。治療すれば治る可能性がある場合もあり、薬で症状が改善するケースもあります。

早期発見のために大事なことは、年齢を重ねれば誰にでも起こるもの忘れまでを、簡単にボケたとか認知症かも、といわないことです。

「あの、その世代」という言葉があるくらいで、たしかに知っているはずの人の名や情報がとっさに出てこない。これは50代ぐらいになれば多くの人が経験することです。「カギがない」「いま、ここに置いたはずの眼鏡がない」などと年中、探しものをするようにもなっていきます。これは、年齢を重ねると「注意の分割」が苦手になり、ひとつのことに意識を集中すると、他のことにまで気が回らなくなってしまうためだそうです。

認知症はこうしたもの忘れとは違い、脳に病的な変化が起こったために現れる症状で、単なるもの忘れや置き忘れなどというようななまやさしいものではありません。

やっかいなのは、年のせいで誰にでも起こるもの忘れと、認知症の兆しはよく似通っていることです。そのためもあり、中高年になると、冗談まじりに「ボケが始まったかな」とか、「いやぁ、いよいよ認知症だな」などと軽口をたたいたりします。こうした変化まで「ボケ」「認知症」と呼び、笑い飛ばすことは要注意。本当の認知症の兆しを見落としてしまいます。

親の記憶力に変化が見られるようになっても、すべてをシリアスに受け止めるのではなく、その変化が、〝年齢相応のものか〟、〝認知症の兆しではないか〟を見定める視線をもたなければいけないのです。

大ざっぱないい方になりますが、年によるもの忘れは体験したことを部分的に忘れます。たとえば、「ご飯になにを食べたのか」忘れてしまうのは、年齢によるもの忘れ。「ご飯を食べたこと」を忘れてしまう場合は認知症が疑われます。

そのどちらかを素人判断で見極めるのは危険です。「年齢分を差し引いても、ちょっともの忘れがひどいな」と思ったら、早めに、認知症の専門医の診察を受けることをおすすめします。かかりつけ医でも第一段階の診断はしてくれます。

診断には、できるだけ子どもが付き添いましょう。認知症の初期にはよく、他人に対してはしっかり振る舞う傾向が見られるからです。

私の母は認知症がかなり進んでからも、車いすで散歩中にご近所の人などに会うと、「お寒くなりましたね。皆様、お変わりありませんか？」などとけっこう立派な挨拶をしたものです。診察のとき、子どもから日常生活におけるさまざまな症状を伝えることも必要です。

NMスケール

次のページの「NMスケール」は、親などのふだんの生活を観察して、認知症の兆しがあるかどうかの目安をつけるためのものです。気がかりな様子が見えたら、まず、チェックしてみましょう。もちろん医師による、より専門的な認知症診断を受けることも忘れずに。

ＮＭスケール

	家事・身辺整理	関心・意欲・交流	会話	記銘・記憶	見当識
0点	不能。	無関心。なにもしない。	呼びかけに無反応。	不能。	まったくなし。
1点	ほとんど不能。	周囲に多少関心あり。ぼんやりとあり。ぼんやりと無為に過ごすことが多い。	呼びかけに一応反応するが、自ら話すことはない。	新しいことはまったく憶えられない。古い記憶がまれにある。	ほとんどなし。人物の弁別困難。
3点	買いもの不能。ごく簡単な家事･整理も不完全。	自らほとんどなにもしないが、指示されれば簡単なことはしようとする。	ごく簡単な会話のみ可能。つじつまの合わないことが多い。	最近の記憶はほとんどない。古い記憶は多少残存。生年月日不確か。	失見当識著明。家族と他人との区別は一応できるが誰であるかはわからない。
5点	簡単な買いものも不確か、ごく簡単な家事・整理のみ可。	習慣的なことはある程度自らする。気がむけば人に話しかける。	簡単な会話は可能であるが、つじつまの合わないことが多い。	最近の出来事の記憶困難。古い記憶の部分的脱落。生年月日正答。	失見当識がかなりあり（日時・年齢・場所など不確か）道に迷う。
7点	簡単な買いもの可能。留守番・複雑な家事・整理は困難。	運動・家事・仕事・趣味などを気がむけばする。必要なことは話しかける。	話し方はなめらかでないが、簡単な会話は通じる。	最近の出来事をよく忘れる。古い記憶はほぼ正常。	ときどき場所を間違えることあり。
9点	やや不確実だが買いもの・留守番・家事などを一応まかせられる	やや積極性の低下が見られるがほぼ正常。	日常会話ほぼ正常。複雑な会話がやや困難。	最近の出来事をときどき忘れる。	ときどき日時を間違えることあり。
10点	正　常				

ＮＭスケール評価点：

50～48点	→正常
47～43点	→境界
42～31点	→軽度認知症
30～17点	→中等度認知症
16点以下	→重度認知症

うちの親にかぎって、はない

私も経験したことで、大きなことはいえないのですが、誰でも子どもに対して、つい親バカぶりを見せてしまうのと同じように、親に対しても、「うちの親にかぎって」と、〝子バカ〟になってしまうことがあるようです。

頭のいい人だった、しっかりものだった……というようなことと認知症の発症とは直接、関係はありません。重度の認知症になり、施設介護を受けている人のなかには、前歴を聞くと、大学教授とか弁護士など、いわゆる〝頭脳労働者〟も少なくないのです。

ですから、どんな親にも、認知症対策は必要なのだと考えるべきです。東京都の調査では、85歳過ぎの3～4人に1人は、認知症症状が見られるそうです。

認知症を発症させる、あるいは悪化させる原因には、大きく分けて3つあります。

① アルツハイマー型痴呆

② 脳血管性痴呆

③ 高齢による活動性の低下、寝たきり、低栄養などにより引き起こされる痴呆

①のアルツハイマー型痴呆は、脳に「老人斑」と呼ばれるタンパク質の沈着が見られ、神経細胞が急激に減り、脳の萎縮が見られます。その結果、記憶力、判断力が鈍り、しまいには人格の崩壊にいたることもあります。

原因や予防法、根治的な治療法などはまだ確立されていませんが、現在、アルツハイマー型痴呆の治療薬「アリセプト」（成分名：塩酸ドネジベル）が健康保険の適用になっています。

もっとも「アリセプト」の効果を期待できるのは、初期～中期だけ。その効果も、「進行を1年程度、遅らせる程度」。しかも、効果が見られるのは20～30％の人だけ、といいますから、過大な期待はしないことです。

ただし、あまり副作用もないといわれていますから、試してみるだけの価値はあると思います。

②の脳血管性痴呆は、脳梗塞、脳出血などにより、脳の神経細胞がダメージを受け、その結果、さまざまな症状が現れる認知症です。

この予防は、介護予防のところで触れたように、日ごろから親の血圧管理、健康管理に気を配り、脳血管疾患にならないよう、気をつけることに尽きるでしょう。

認知症になりにくい生活習慣をすすめる

③による認知症の予防については、認知症になりにくい、ライフスタイルがあることが知られています。

1　食生活を見直す

カロリーのとりすぎ、肥満は脳の血管の動脈硬化を進める可能性があります。アメリカのルシンガー博士らの調査によれば、摂取カロリーを4グループに分けて4年間観察したところ、もっとも摂取カロリーの多いグループの人がアルツハイマー症になる確率は、もっとも低いグループの人の1・5倍も高かったそうです。

70歳過ぎなら、1日あたり1600～1800kcalを目安にするとよいといわれます。日本人なら、若いときの約70%。「腹7分」ぐらいでよいということです。

いうまでもありませんが、低カロリー食＝低栄養食にならないよう、魚、少量の肉、良質な油なども適宜口にすることが大切です。

2　「ベジフル7」を実行する

「ベジフル7」とは、厚生労働省が実施している、健康づくり運動の1つ。1日に野菜を5皿（350g）、果物を2皿（200g）とると、ほぼ、必要量の野菜、果物がとれるというわけです。

3 よく体を動かす

体をよく動かしている人は長寿で、しかも認知症の発症リスクも低いこともわかってきました。東京・浴風会病院のデータでは、ほとんど運動しない人は、毎日運動している人の6倍も、認知症発症リスクが高いそうです。

98歳で亡くなるまで、作家として活躍されていた宇野千代さんは、雨の日でも1万歩、歩くことを日課とされていました。

4 明るく、生き生き、積極的な生活を心がける

年だからと引っ込み思案になり、人との交わりが乏しくなったり、ストレスを抱えこむことも認知症の発症につながりやすいものです。家で趣味を楽しむのもけっこうですが、できるだけ、人と交わる機会をもつように、親にすすめるようにしましょう。

東京都老人研究所では、認知症予防の一環として、高齢者会員を集め、パソコン、太

極拳、旅行、フィットネス、園芸、料理、囲碁、折り紙、朗読、ミニコミ誌などの部会に分かれ、定期的な活動をしています。その結果、部活動を行なって1年ほど経過し、記憶力が向上したというデータが得られたそうです。

地域のコミュニティーセンターなどで同様の活動をしていたら、「一度、試しにのぞいてみたら」などと親の背中を押してあげるとよいでしょう。

私の父は仕事をやめた後、地域の高齢者活動に自ら積極的に取り組んでいった人でした。当時まだ、そうした発想のなかった市役所に働きかけ、市民会館を借りて、得意の書道を教えたり、同好の士を募って郷土史の勉強会を始める。なにかが得意な人を指導者に水墨画や日本画の同好会を立ち上げる、市から補助をもらって、旅行を企画する、などなかなかの活躍ぶりでした。

その成果でしょうか、82歳で亡くなるときまで、頭はしっかりしており、最期も1週間ほど入院しただけ、となかなかみごとに人生を締めくくりました。

このライフスタイルと、認知症にならず、最後まで自分らしくしっかり生きたことがどこまで関係があるのかはわかりませんが、父の晩年は私に、目指すべき生き方を指し示してくれていることはたしかです。

このように、親の老後は人のためならず。親の老後を考えることは、自分の生き方を探ることにもなるのです。

いかがですか？　今度の週末は親と一緒に過ごしてみては……。

〈資料リスト〉

・『どうしよう!? 両親の面倒——同居していても、離れていても』 親の老後を真剣に考える会 ワニマガジン社
・『老いた親が「ひとりになったとき——「その日」のためにあなたが知っておくべきこと」 河合千恵子監修 河出書房新社
・『親の入院・介護に直面したら読む本』 長岡美代 実務教育出版
・『わかってあげよう 介護以前の親の心と体』 下仲順子 家の光協会
・『高齢者の心理がわかるQ&A』 井上勝也監修 中央法規
・『親のぼけに気づいたら』 斉藤正彦 文藝春秋
・『家族のための〈認知症〉入門』 中島健二 PHP研究所
・『アルツハイマー病はここまでわかった』 井原康夫 クバプロ
・『ボケない生活 アルツハイマーも生活習慣病だった』 大友英一 祥伝社
・『ボケを防ぐ 年のせいの「もの忘れ」と認知症の「もの忘れ」』 須貝佑一 小学館
・『認知症はここまで治る・防げる』 小坂憲司 主婦と生活社
・『私の介護days——仕事も、おしゃれも。』 横森美奈子 小学館
・『老後がこわい』 香山リカ 講談社
・『介護地獄アメリカ 自己責任追及の果てに』 大津和夫 日本評論社

・『こう変わる！　介護保険』　小竹雅子　岩波書店
・『よくわかる！　介護保険徹底活用法』　望月幸代　高橋書店
・『介護サービスの基礎知識〔２００６〕改訂新版』　三浦文夫・竹内孝仁　自由国民社
・『絵を見てできる　介護予防』　大渕修一　法研
・『老後の予習　不安を解決する60のポイント』　吉田浩　文芸社
・『「老いじたく」成年後見制度と遺言』　中山二基子　文藝春秋
・『50歳からのお金大全』　村田久　文芸社
・『老後の財産管理　制度の上手な利用法』　成年後見センターリーガルサポート監修　創元社
・『高齢者のお引っ越しガイド　家族が介護施設を探すとき』　ローリー・ホワイト他　クリエイツかもがわ
・『全国有料老人ホームガイド』　ダイナミックセラーズ出版編集部　ダイナミックセラーズ出版
・『介護保険、介護のお金がわかる本』　ほっとくる編集部　主婦の友社
・『図説　高齢者白書　２００６年度版』　三浦文夫編　全国社会福祉協議会
・『熟年・シニアの暮らしと生活意識データ集　２００６』　生活情報センター
・『少子高齢社会　総合統計年報　２００６年版』　生活情報センター
・『介護白書　平成18年版』　全国老人保健施設協会　ぎょうせい
・『週刊東洋経済』06年5月27日号　東洋経済新報社
・『週刊ダイヤモンド』バックナンバー　ダイヤモンド社

この他、各省庁のホームページに、新聞各紙の記事なども多数、参考にさせていただきました。ありがとうございました。

■著者略歴

林　千世子（はやし　ちよこ）

早稲田大学文学部卒業後、大手出版社に入社。雑誌・単行本編集に携わる。
独立後は、フリーライターとして、主に、老後・介護問題をテーマに雑誌・単行本を中心に執筆活動を行なっている。

著書
『老人の「複雑な思い」をわかってあげる本』（河出書房新社）

親《おや》が75歳《さい》になったら読《よ》む本《ほん》

子《こ》どもは、親《おや》の介護《かいご》を引《ひ》き受《う》けなければならないのか

2007年8月12日　第1刷発行
著　者　林《はやし》　千世子《ちよこ》
発行者　比留川　洋
発行所　株式会社　本の泉社
〒113-0033　東京都文京区本郷2-25-6
TEL.03-5800-8494　FAX.03-5800-5353
http://www.honnoizumi.co.jp/
装　丁　文京図案室
印刷・製本　松澤印刷　株式会社

ISBN978-4-7807-0334-4